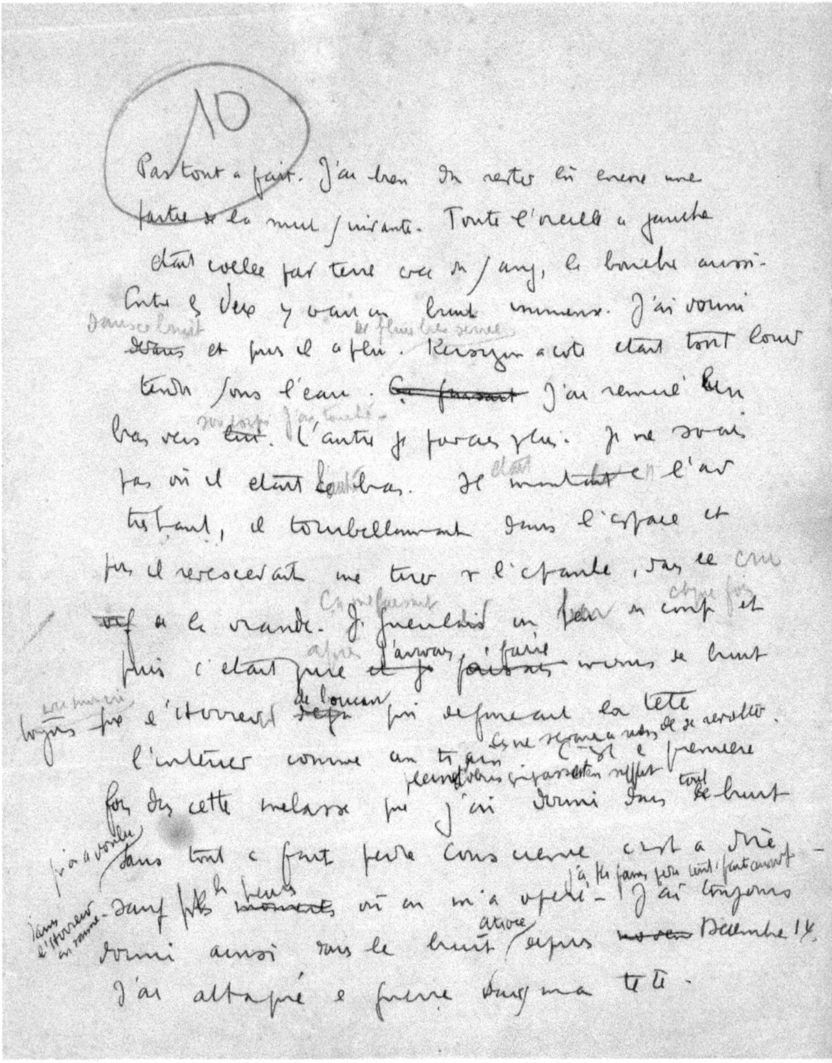

Pas tout à fait. J'ai bien dû rester là encore une partie de la nuit suivante. Toute l'oreille à gauche était collée par terre avec du sang, la bouche aussi. Entre les deux y avait un bruit immense. J'ai dormi dans et puis il a plu. Kersuzon à côté était tout courbé sous l'eau. J'ai remué un bras vers lui. L'autre je pouvais plus. Je ne savais pas où il était l'autre bras. Il montait en l'air tournant, il tourbillonnant dans l'espace et puis il redescendait me tirer sur l'épaule, dans le vif à la viande. Je gueulais un coup et puis c'était pire [illegible] vomis le bruit toujours pire d'horreur qui défonçait la tête à l'intérieur comme un train. C'est la première fois dans cette mélasse que j'ai dormi dans le bruit sans tout à fait perdre conscience c'est à dire – sauf les heures où on m'a opéré – J'ai toujours dormi ainsi dans le bruit depuis Décembre 14. J'ai attrapé la guerre dans ma tête.

«Der Krieg hat mich im Kopf erwischt»
Manuskript von *Guerre*, 1. Blatt

Louis-Ferdinand Céline

Krieg

Roman

Herausgegeben von Pascal Fouché

Aus dem Französischen von Hinrich Schmidt-Henkel

Mit einem Vorwort von Niklas Bender

Rowohlt

Die Originalausgabe erschien 2022 unter dem Titel
«Guerre» bei Éditions Gallimard, Paris.

Deutsche Erstausgabe
Veröffentlicht im Rowohlt Verlag, Hamburg, Oktober 2023

Guerre herausgegeben von Pascal Fouché
Lektorat Hans-Ulrich Müller-Schwefe
Satz Guyot Text bei Pinkuin Satz und Datentechnik, Berlin
Druck und Bindung GGP Media GmbH, Pößneck
ISBN 978-3-498-00356-2

Die Rowohlt Verlage haben sich zu einer nachhaltigen Buchproduktion verpflichtet. Gemeinsam mit unseren Partnern und Lieferanten setzen wir uns für eine klimaneutrale Buchproduktion ein, die den Erwerb von Klimazertifikaten zur Kompensation des CO_2-Ausstoßes einschließt.
www.klimaneutralerverlag.de

FSC
www.fsc.org
MIX
Papier | Fördert gute Waldnutzung
FSC® C014496

Ein Vorwort
von Niklas Bender

Die Weltliteratur hat ihre Krimi-Szenen: Im Sommer 1944 wurde in die Wohnung des Dr. Destouches, bekannt unter dem Schriftstellernamen Louis-Ferdinand Céline, gelegen 4, rue Girardon, eingebrochen. Céline befand sich seit dem 17. Juni 1944 auf der Flucht: Mit seiner Frau Lucie («Lucette») und Kater Bébert war er nach Deutschland aufgebrochen, Reiseziel Dänemark, wo er vorausschauend seine in Gold konvertierten Einnahmen hinterlegt hatte. Elf Tage zuvor waren die Alliierten in der Normandie gelandet, das Kriegsende nahte, Céline fürchtete wegen seiner Hetzschriften um Freiheit und Leben. Die Flucht sollte sich schwierig gestalten: Nach Aufenthalten in Baden-Baden, Kränzlin und vor allem Sigmaringen, Exil der Vichy-Regierung, sowie einer Irrfahrt durch ein apokalyptisch anmutendes Deutschland kam Céline im März 1945 in Kopenhagen an. Frankreich sollte er erst 1951 wiedersehen.

Kurz nach Célines Abreise brachen Résistance-Kämpfer in seine Wohnung ein, beziehungsweise sie brachen sie auf, um sie zu nutzen – diese Nuance deutet schon zwei radikal verschiedene Versionen der Ereignisse an. Nach seiner Rückkehr wird Céline beteuern, dass die Résistance die zurückgelassenen Manuskripte entwendet oder zerstört habe, ein unersetzbarer Verlust. *Von einem Schloß zum andern*

(1957), der Erfolg der Nachkriegsjahre, klagt gleich auf der zweiten Seite: «Man hat mir am Montmartre alles gestohlen! ... alles! ... rue Girardon! ... ich wiederhole nochmal ... ich kann es nicht genug wiederholen! Man tut, als höre man mich nicht ...» Er hält fest, was da verschwunden ist: «Ich weiß ganz genau, was man mir geklaut hat, ich hab' das Inventar im Kopf... ‹Casse-Pipe›, ‹La volonté du Roi Krogold›, dazu noch zwei, drei Kladden! ...» Die Jeremiaden wurden nicht ernst genommen: Célines Romane mischen biografische Fakten mit Fiktion, in Briefen oder Interviews neigte er zu Übertreibungen, Verzerrungen, Ausbrüchen – die Rede vom Diebstahl wurde als bildreiches Lamento gesehen. Da Céline auf der falschen Seite von Geschichte und Moral stand, interessierte sich in der Tat niemand dafür. Für Céline hingegen stellte die Entwendung Höhe- und Endpunkt seiner Vertreibung aus Montmartre, seinem Pariser Lieblingsviertel, und aus Frankreich dar.

Jahrzehntelang schien das Thema erledigt. Am 6. August 2021 dann berichtete *Le Monde* von einer unglaublichen Entdeckung: Jean-Pierre Thibaudat, ehemaliger Theaterkritiker der Zeitung *Libération*, war seit gut fünfzehn Jahren im Besitz einer Kiste voll Céline-Handschriften, die er geordnet und transkribiert hatte. Die Texte wollte er dem Institut Mémoires de l'édition contemporaine (IMEC) übergeben, wo literarische Nachlässe verwahrt werden. Er kontaktierte die Rechte-Inhaber François Gibault und Véronique Robert-Chovin, die nicht zu Célines Familie gehören: Colette (1920 bis 2011), Célines Tochter aus erster Ehe, und ihre Kinder hatten das Erbe ausgeschlagen, es war daher Witwe Lucette zugefallen, die es nach Gutdünken vermachte. Gibault ist ein Céline-begeisterter Anwalt, der eine wichtige Biografie verfasst hat, Chovin ist Psychologin, die mit Lucette die Tanz-Leidenschaft teilte.

Experten der Pariser Nationalbibliothek bestätigen: Die gut 6000 Seiten sind waschechter Céline – eine literarische Sensation. Wie war Thibaudat an die Manuskripte gekommen? Warum trat er so spät an die Öffentlichkeit? Die zweite Frage ist leicht zu beantworten: Erst 2019 war Witwe Lucette im biblischen Alter von 107 Jahren gestorben. Es war Thibaudat zur Bedingung gemacht worden, ihren Tod abzuwarten, um zu verhindern, dass sie die Unterlagen ‹säubern› könne; darunter sind nämlich auch Fotos, Briefe, die Scheidungsdokumente zu Célines erster Ehe mit Édith Follet – sowie ein antisemitisches Dossier.

Der Weg der Manuskripte ist weniger leicht aufzuklären. Bereits zum Besitzerwechsel gibt es mindestens zwei Versionen. Céline verdächtigte diverse Personen, bezichtigte aber vor allem die Résistance: «Mein Bewohner [«occupant»: Für Céline sind Résistance-Kämpfer Besatzer; N. B.] in der rue Girardon hat in den Müll geworfen – die handschriftliche Fortsetzung von *Guignol's* – und noch drei weitere angefangene Romane! Es ist ein besagter *Morandat*, Freund von de Gaulle» (Brief vom 4. September 1947). Die Rede ist von Yvon Morandat (1913 bis 1972), der Célines Wohnung mit seiner Frau bis 1946 bewohnt hatte: ein Gewerkschaftler und Widerstandskämpfer. Am 25. August 1944 befreite das Paar im Alleingang das Hôtel de Matignon, Sitz des Premierministers, eine so filmreife Szene, dass Jean-Paul Belmondo und Marie Versini sie in *Brennt Paris?* (1966) nachspielten. Später brachte Morandat es bis zum Staatssekretär. Célines Diebstahl- oder Zerstörungsthese stehen Thibaudats Erklärungen gegenüber: Morandat habe Célines Habseligkeiten und Manuskripte sicher verwahren wollen. Tatsächlich hat Morandat Céline nach seiner Rückkehr kontaktiert, ihn auf ein Möbellager hingewiesen, für das nur die Rechnung zu begleichen gewesen sei, ihn über seine Texte informiert. Céline witterte eine Falle, wollte nicht zahlen; offensichtlich gefiel er sich in der Opferrolle und ging davon aus, dass Morandat sowieso nur Skizzen aufbewahrt habe. So blieben die Manuskripte im Morandat-Besitz, wurden Thibaudat dann um das Jahr 2004 übergeben (hier ist die Angabe vage), mit ebender Auflage, sie nicht vor Lucettes Ableben zu publizieren.

Der Manuskript-Krimi ist Teil eines Lebens, das Skandalromane hervorgebracht hat und selbst einem gleicht. Louis-Ferdinand Destouches wird am 27. Mai 1894 in Courbevoie geboren und wächst in Paris auf. Seine Eltern Ferdinand, genannt Fernand Destouches, Versicherungsangestellter, und Marguerite Guillou, Nippeshändlerin, lassen ihrem einzigen Kind zwar eine gute Spracherziehung zuteilwerden (Aufenthalte in Deutschland und England), seine Schuldbildung beenden sie jedoch schon 1907, nach dem Ende der siebenjährigen Grundschule. Sie schicken ihn in die Lehre – für Céline eine Erfahrung sozialer Gewalt, die ihm die wahre Lebenslektion scheint. Bürgerssöhnen, die eine lange Schulbildung genießen, spricht er, der Autodidakt, die zentrale Initiationserfahrung ab; hier wie in der Moral ist er kleinbürgerlich geprägt. Céline engagiert sich 1912 bei den Kürassieren und wird nach Ausbruch des Ersten Weltkriegs in die erste Flandernschlacht geschickt. Am 27. Oktober 1914 wird Quartiermeister Destouches in Poelkapelle bei Ypern doppelt verletzt, durch eine Granatenexplosion (Gehirnerschütterung, Splitterwunde) sowie durch einen Querschläger (Verletzung des rechten Arms). Die lebenslangen Folgen: Der Arm bleibt teilgelähmt, Céline leidet an Drehschwindel und Pfeifgeräuschen. Das Vaterland ist dankbar, Céline wird mit einer Militärmedaille ausgezeichnet und als Held gefeiert.

Nach der Genesung dient ihm ein London-Aufenthalt, wo er in der Passabteilung des Konsulats arbeitet, als zweite Schule des Lebens: Im Kontakt mit dem Rotlicht-Milieu streift Céline sittliche Skrupel ab und entwickelt eine Vorliebe für Tänzerinnen; er ehelicht inoffiziell Suzanne Nébout, ein Animiermädchen. In der Folge arbeitet er in den ehemals deutschen, nun französischen Kolonien Zentralafrikas und als Hygiene-Didaktiker für die Rockefeller-Stiftung. 1918 lässt er sich in Rennes nieder und heiratet – offiziell diesmal – Édith Follet, bürgerliche Tochter eines Arztes; 1920 wird Tochter Colette geboren, Célines einziges Kind. In den Jahren 1919 bis 1921 absolviert er unter den für ehemalige Frontkämpfer reservierten Bedingungen das Medizinstudium in Rennes, ist anschließend Famulant seines Schwiegervaters. Die Studien schließt er mit einer medizinhistorischen Arbeit zum Hygieniker Ignaz Semmelweis ab, dessen revolutionäre Erkenntnisse zur Vermeidung des Kindbetttods verkannt wurden – eine tragische Figur, mit der Céline sich identifiziert. Céline hält es nicht in der Bretagne, auch wenn die Region seine Wahlheimat bleiben wird; die Ehe mit Édith wird 1926 geschieden. Nach einer Zwischenstation beim Völkerbund und einer Liaison mit der amerikanischen Tänzerin Elizabeth Craig wird Céline Armenarzt im Pariser Vorort Clichy, eine Tätigkeit, die er fünfzehn Jahre lang mit Überzeugung ausüben wird.

Nach diversen Versuchen fängt Célines Schriftsteller-Laufbahn im Jahr 1929 an: Er beginnt die Arbeit an *Reise ans Ende der Nacht*. Nächtlich ist auch die Niederschrift der Irrfahrten Bardamus, tagsüber praktiziert Céline als Arzt. 1932 erscheint der Roman im jungen Verlag Robert Denoël und wird ein Skandalerfolg; knapp verpasst er den Prix Goncourt, erhält den Prix Renaudot. Seine Innovationskraft liegt in einer anarchisch-episodenhaften Erzählweise ohne Tabus sowie im originellen Stil: Céline nähert das stark kodifizierte Literaturfranzösisch dem gesprochenen Wort an, mischt Umgangssprachliches oder sogar Argot darunter, scheut weder Wiederholungen noch Satzabbrüche; die berühmten Auslassungspunkte werden sein Markenzeichen. Céline baut auf Vorgängern wie den Naturalisten Émile Zola (*Der Totschläger*, 1877) und Octave Mirbeau (*Tagebuch einer Kammerzofe*, 1900) auf, weitet die stilistische Neuerung aber auf die gesamte Erzählerrede aus. Er sieht sich in Konkurrenz zur *Suche nach der verlorenen Zeit* (1913–1927) des kultivierten, großbürgerlichen Ästheten Marcel Proust (für Céline: «Pups-Proust»): Dessen lange, komplexe Satzfügungen sind raffinierte Instrumente, um feine Bewusstseinsphänomene einzufangen – Célines emotionale Literatur nutzt Sprache ganz anders, wie später ausgeführt wird.

Politisch kann das Publikum Céline schlecht einordnen: Die Nähe zu *Das Feuer* (1916) von Henri Barbusse etwa, eine Inspirationsquelle, legt eine linke Position nahe. Spätestens das Pamphlet *Mea culpa* (1937) klärt die Frage durch heftige Kritik an der Sowjetunion, die Céline auf einer Reise kennengelernt hatte. Sein zweiter Roman *Tod auf Raten* (1936) erhält nicht dieselbe Anerkennung wie das Debüt – eine gigantische Enttäuschung und ein Wendepunkt in Leben und Werk; es folgen die antisemitischen Pamphlete. 1937 trifft Céline die Ballett-Tänzerin Lucie Almansor, die sein weiteres Leben teilen wird. Auch *Guignol's Band* (1944) bringt den Erfolg nicht zurück.

Es folgt die Flucht nach Dänemark. Nach einigen Monaten wird Célines Aufenthalt in Kopenhagen publik, der Autor am 17. Dezember 1945 inhaftiert; bis Juni 1947 muss er im Gefängnis Vestre Fængsel einsitzen. Anschließend lebt er unter rustikalen Bedingungen in einer Dachwohnung und auf einem Landsitz an der Ostsee; aus dieser Zeit stammt ein Großteil sowohl des Briefwechsels als auch der Fotos, die Lucette macht. Aus der Ferne muss er zusehen, wie der junge Jean-Paul Sartre, der vor dem Exil um seine Gunst geworben hatte, ihn nun der Käuflichkeit durch den Feind beschuldigt. Währenddessen wird sein Fall vor französischen Gerichten verhandelt: Céline wird mit einem Jahr Gefängnis, 50000 Francs Geldstrafe sowie «nationaler Unwürdigkeit» belegt; die Hälfte seines Besitzes wird konfisziert. Célines Anwalt Jean-Louis Tixier-Vignancour nutzt die Regelung, dass ehemalige Kriegsinvaliden mit einer Verurteilung von nicht mehr als drei Jahren Gefängnis amnestiert werden können – und behilft sich des Tricks, seinen Klienten unter seinem Taufnamen Destouches zu vertreten. Am 1. Juli 1951 kann Céline nach Frankreich zurückkehren; er ist ein gebrochener Mann, der sich keines Vergehens bewusst ist.

Die verbleibenden Jahre wird Céline zurückgezogen in Meudon, südwestlich von Paris, verbringen. Nach dem Tod seines Verlegers Denoël, 1945 auf offener Straße erschossen, wechselt er zu Gallimard, der ihm hervorragende Konditionen bietet. Céline arbeitet an seinem Comeback, das erst mit *Von einem Schloß zum andern* (1957) gelingt, einem Roman zum Exil in Sigmaringen – erneut ein Skandalthema, weil man die Kollaboration vergessen möchte; zugleich erscheint das auf den Stil konzentrierte Schreiben in Zeiten des Nouveau Roman aktuell wie nie. *Norden* (1960) knüpft an den Erfolg an. Céline stirbt am 1. Juli 1961, kurz nach Abgabe des Manuskripts von *Rigodon* (posthum 1969), in Meudon an einer Aneurysmaruptur.

Das dunkelste Kapitel dieses bewegten Lebens sei schon deshalb angesprochen, weil es eng mit der Geschichte des *Krieg*-Manuskripts zusammenhängt. In den Jahren vor der Sensationsentdeckung wurde in Frankreich Célines Antisemitismus diskutiert und wissenschaftlich aufgearbeitet, besonders von Alice Yaeger Kaplan, Annick Duraffour und Pierre-André Taguieff. In Deutschland scheint er – vermutlich, weil Céline nicht zum Mord aufrief und seinen Hass literarisch stilisierte – nicht immer ernst genommen worden zu sein. Dabei liegt seine volle Tragweite zutage: als lebenslange Grundhaltung, die sich in den späten 1930er-Jahren zu virulentem Hass entwickelte und Céline auch nach Kriegsende nicht verließ.

Schon Célines Vater war Antisemit, Leser der populistisch-antisemitischen Zeitung *La Patrie*. Seinem Sohn gab er die Zeitschriften *Lectures pour tous* und *Je sais tout* zu lesen, populärwissenschaftliche Magazine, die wie selbstverständlich nationalistisch, fremdenfeindlich und rassistisch waren; Briefe des jungen Céline bezeugen, dass er deren Gedankengut übernommen hat. Das frühe Theaterstück *L'Église* (entstanden 1927) zeigt im dritten Akt einen Völkerbund, der von Juden beherrscht wird – der Antisemitismus ist Teil einer Satire; in den Briefen manifestiert er sich eher beiläufig. Wie viele Antisemiten hat Céline jüdische Bekannte; er unterstützt seinen deutschen Übersetzer Isak Grünberg. Erst Ende der 1930er-Jahre wird er zum aggressiven Überzeugungstäter: Céline schreibt die relativ schlechte Aufnahme von *Tod auf Raten* jüdischen Strippenziehern zu und hat Angst vor einem neuen Krieg. Er verfasst antisemitische Pamphlete – *L'École des cadavres* (1938), *Bagatelles pour un massacre* (1937; dt. *Die Judenverschwörung in Frankreich*), das meistverkaufte (ca. 75000 Exemplare), sowie *Les Beaux Draps* (1941). Die Texte stehen in der Tradition von Arthur de Gobineau und Élie Faure, entwickeln vor allem jedoch die Vulgata im Geiste der *Protokolle der Weisen von Zion*. Céline kopiert massiv, hat keinen Originalitätsanspruch, seiner eigenen Aussage nach betreibt er «einfache Vulgarisierung, heftig, stilisiert». Man mag ihm zugutehalten, dass er Pazifist ist und nichts mehr fürchtet als einen weiteren Krieg; Kriegstreiberei ausgerechnet den Juden zuzuschreiben, ist freilich absurd. Céline verwendet geläufige Klischees wie den Wunsch nach Weltherrschaft oder die mangelnde Kreativität, versetzt sie mit Beschimpfungen aus den Bereichen Tierwelt, Pathologie, Exkremente. Seine Fantasien analsexueller Unterwerfung der ‹Arier› grenzen an Psychopathologie und erklären die gemischte Aufnahme durch die Nationalsozialisten. Céline wirft Maréchal Pétain («Bédain» in den Pamphleten – ‹bédaine›: ‹Wanst›) vor, nicht hart genug gegen die Juden vorzugehen.

Es hat Versuche gegeben, den Antisemitismus der Pamphlete zu relativieren oder ‹konstruktiv› ins Werk einzubinden. Mindestens vier Argumente sprechen dagegen. Das biografische Argument: Das lebenslange Wettern gegen und die ‹wissenschaftliche› Dokumentation über Juden belegen Eifer, Beharrlichkeit und eine tiefe Überzeugung, die Céline rational zu rechtfertigen sucht. Das systematische: Célines Antisemitismus ist Teil eines rassistischen Weltbilds, das die ‹französische Rasse› mit anderen vergleicht und fördern will. Das moralische: Das Delirante, mitunter grotesk Komische der Pamphlete – der kürzlich verstorbene Philippe Sollers behauptete, sie machten ihn lachen – darf nicht darüber hinwegtäuschen, dass es Céline todernst ist, auch wenn er die Juden ‹nur› ausweisen möchte. Schließlich das literarische Argument: Sie sind eilig geschrieben, zeugen nicht von Célines üblicher Arbeit am

Text; das aber bedeutet, dass ihre Sprache Emotionen nicht kanalisiert – Célines literarisches Grundaxiom –, sondern überschießen lässt. Bei allen sonstigen stilistischen Ähnlichkeiten mit den Romanen: Bewunderer, die den Antisemitismus als literarische Pose im Geiste sonstiger Céline-Exzesse entschuldigen, übersehen diesen zentralen Unterschied. Ein weiterer ist, dass Célines Romanfiguren eben nicht rassistischen Klischees entsprechen.

Céline sucht 1938/39 die Nähe zu antisemitischen Publizisten wie Henry-Robert Petit (Begründer der Zeitschrift *Au pilori*) oder ‹Wissenschaftlern› wie dem Anthropologie-Professor George Montandon. Später knüpft er Kontakte mit den Besatzern, hat Umgang mit Größen wie Karl Epting (Leiter des Deutschen Instituts), Gerhard Heller (Propagandastaffel, Organisator der Deutschlandreise französischer Intellektueller 1941) und dem Elsässer Hermann Bickler (Leiter des Sicherheitsdienstes, zentraler Organisator der Kollaboration), sowie Künstlern wie dem NS-Bildhauer Arno Breker. Auch wenn manche Begegnung schwierig war – Ernst Jünger beschreibt Céline nach einem Treffen am 7. Dezember 1941 als Psychopathen, der die Juden geschlachtet sehen möchte, ein unglaubwürdiger Bericht, den er später relativiert –, zieht Céline Vorteile daraus: Dank Eptings Hilfe erhält sein Verleger Papier-Sonderrationen, was Denoël Gewinn und Céline die Verbreitung seiner Werke sichert.

Den letzten Schritt hat er nie gemacht: Kollaboration im engeren Sinne, etwa durch offizielle Funktionen oder Ämter unter Vichy, kann man Céline nicht nachweisen.

Er hat es vermieden, kompromittierende Artikel zu veröffentlichen; journalistisch nimmt Céline grundsätzlich nur in Leserbriefen Stellung. Diese relative Zurückhaltung steht in krassem Kontrast zu Bekenntnissen wie «Ich bin Rassist und Hitlerianer» oder: «Ich hasse den Juden, die Juden, das Judentum, absolut, grundsätzlich, instinktiv, auf jede Art. Ein perfekter Hass.» Dieser Leserbrief von 1937 war sogar dem späteren Kollaborateur Robert Brasillach zu heiß, um ihn in seinem rechtsextremen Blatt *Je suis partout* zu veröffentlichen. Das ändert nichts daran, dass die Nachkriegs-Justiz auf damaliger Rechtsgrundlage Céline wenig vorwerfen konnte. Was man juristisch nicht zu fassen bekommt, ist längst nicht gerechtfertigt: Célines Pamphlete haben den Judenhass geschürt, die zeitgenössische Rezeption lässt das erkennen. Céline ist mit seiner Zeit eins, und der Céline-Experte Émile Brami schließt: «Die Zeit der Besatzung ist sicherlich der beste Teil von Célines Leben.».

Dass Céline unverbesserlich ist, beweist er nach Kriegsende. Die Vernichtungslager sind für ihn wahlweise eine Erfindung oder das Resultat jenes Krieges, den die Juden selbst provoziert hätten – im Grunde seien sie an der eigenen Vernichtung schuld, so das zynische Argument. Zwar wendet sich sein späterer Rassismus primär gegen Asiaten, aber er sieht die Juden erneut an den Schaltstellen der Kultur und der Medizin. Politisch und moralisch ist Céline ein Problemfall. Man muss ihm misstrauen – und denjenigen, die ihn verklären.

Zum Glück bleibt das Werk – auch wenn die Trennung schwerfällt, so unmittelbar baut es auf Célines Erlebnissen auf. Wie sein Leben steht es im Zeichen der Weltkriege: Die Romane der ersten Schaffensphase sind auf den einen, die vier Romane der zweiten auf den anderen ausgerichtet. In dieser zentralen Hinsicht ist *Krieg* spannend: Es ist jener Céline-Text, der den Erfahrungen an und hinter der Front am ausführlichsten Gestalt gibt. *Krieg* vertieft das, was in *Reise ans Ende der Nacht* nur in einer absurden Episode aufscheint, und füllt die dortige Lücke zwischen Verwundung und Genesung in Pariser Krankenhäusern.

Krieg beginnt unvermittelt (der Anfang fehlt, die erste Seite ist mit der Nummer zehn versehen) mit der Verletzung in der Nähe von Ypern, auf den Schlachtfeldern Belgiens: «Ich habe dann wohl noch einen Teil der folgenden Nacht so dagelegen. Das linke Ohr fest an den Boden geklebt mit Blut, den Mund auch. Zwischen beiden gewaltiger Lärm.» Ferdinand schleppt sich erst allein, dann mithilfe eines englischen Soldaten aus der Kampfzone. Er kommt in eine zum Lazarett umfunktionierte Kirche und dann ins Feldkrankenhaus von Peurdu-sur-la-Lys. Schauplatz des restlichen Romans ist dieses Frontstädtchen, das den Verlust patriotischer Werte im Namen trägt. Denn obwohl die Lys ein realer Fluss ist, der bei Hazebrouck fließt, kann man die Bestandteile des Ortsnamens wörtlich übersetzen mit «Verloren-auf-der-Lilie»: Die Blume symbolisiert dann Frankreich und die Unschuld, «Peurdu» verschachtelt ‹perdu›, ‹verloren›, mit ‹la peur›, ‹die Angst›. Tatsächlich wird diese Ferdinand nicht mehr verlassen:

«Der Krieg hat mich im Kopf erwischt», lautet das heute schon legendäre Resümee des Romans.

Das Krankenhaus ist kein Ort der Schonung: Aline L'Espinasse, eine sadistische Krankenschwester, lässt Ferdinand eigenartige Pflege angedeihen, er wird katheterisiert und brutal masturbiert. Nach der Schockbehandlung lernt er Bébert kennen, dessen Name (vermutlich aus Versehen) in der Folge zu Cascade Gontran und Julien Boisson wechselt. Céline-Leser kennen den Namen Cascade (‹Wasserfall›) aus *Guignol's Band*: Dort gibt es eine Cascade entsprechende Figur, die aber Farcy Raoul heißt, während deren Londoner Onkel (zu dem Ferdinand in *Krieg* am Ende aufbricht) den Namen Cascade trägt. Wie auch immer der Name, in *Krieg* ist Cascade für Ferdinand das, was in der *Reise* Robinson für Bardamu darstellt: ein radikaleres Alter Ego, ein Lehrmeister in Sachen Anarchismus und Amoralität.

Amoralisch ist Cascade: Die Wunde am Fuß hat er sich selbst zugefügt, um dem Gemetzel zu entkommen. Dass die Rechnung nicht aufgeht, dafür sorgt seine junge Frau Angèle: Cascade lässt die rothaarige Schönheit aus Paris kommen und ihr Gewerbe ausüben, das älteste der Welt. Im Frontstädtchen mangelt es nicht an Kundschaft, die im Café «L'Hyperbole» (‹Die Übertreibung›) – womit uns der Autor eines seiner wesentlichen Stilmittel ans Herz gelegt hätte – abgeschleppt wird; Céline malt mit Genuss deftige Genre-Szenen. Als Ferdinand eine Militärmedaille verliehen bekommt, reisen seine Eltern an: Man begeht den Anlass bei Monsieur Harnache, einem Kollegen von

Ferdinands Vater, dessen großbürgerlicher Lebensstil die verklemmten Eltern beindruckt.

Die Feier ist von grandioser Absurdität: Während oben distinguiert parliert wird, ziehen auf der Straße Truppen vorbei, rücken die Einschläge näher. Der Evidenz zum Trotz passt der Krieg nicht ins moralisierende Koordinatensystem: «Es genügte, stets seine Pflicht zu erfüllen, wie mein Vater es sein Leben lang immer getan hatte. Mehr nicht. Sie konnten diese grässliche Welt, eine Folter ohne Ende, nicht begreifen.» Die Zerstörung schleicht sich dennoch ein, der stark alkoholisierte «Tanz der Gefühle» mündet in einen Streit zwischen Cascade und Angèle, im Laufe dessen sie ihn denunziert.

Wenige Tage später wird Cascade verhaftet und als Deserteur exekutiert. Ferdinand ist durch den Tod des Kameraden zwar getroffen, tut sich aber mit Angèle zusammen, die er begehrt. Sie nehmen englische Offiziere aus, Angèle findet einen reichen Beschützer und geht nach England, Ferdinand folgt wenig später – Startschuss für Folgeroman *London*, der sich ebenfalls unter den wiederentdeckten Manuskripten befindet.

Wie stark *Krieg* auf Célines Erlebnissen aufbaut, zeigt die von Henri Godard besorgte kritische Ausgabe: Reales Vorbild von Peurdu-sur-la-Lys ist Hazebrouck, die Abläufe decken sich mit Célines Verwundung und Krankenhauskarriere. Als Modell der Krankenschwester L'Espinasse kann man Alice David annehmen, mit der Céline angeblich eine Liaison, sicher aber einen Briefwechsel hatte; einzelne Ärzte, die Familie Harnache usw. haben ebenfalls leicht identifizierbare Vorbilder. Selbst Cascade mag einer realen Begegnung entstammen: Godard vermutete in seiner Biografie (*vor* dem Fund des Manuskripts), dass Céline während eines seiner Krankenhausaufenthalte bei einem Anarchisten in die Lehre gegangen sein muss.

Mit *Krieg* werden mehr als ein paar Lücken in Célines literarischer Selbstverwandlung gefüllt. Der Roman kondensiert zwei zentrale Erfahrungen: die traumatische Verletzung sowie die Entlarvung des Lebens als über den Krieg hinaus andauerndes Gemetzel. *Reise ans Ende der Nacht* schildert die Verletzung äußerst knapp, das Fronterlebnis wird vor allem indirekt, in seinen traumatischen Folgen sowie in Sprachbildern, transportiert. *Krieg* hingegen betont die zentrale Bedeutung der Weltkriegserfahrung durch eindrückliche Bilder: «Irgendwann auf einmal ist die Straße regelrecht an mir hochgestiegen, ganz sachte, ein wahrer Kuss, könnte ich sagen, bis auf Augenhöhe, und ich habe mich draufgelegt wie in ein weiches Bett mit meinem gewaltigen Bombardement im Kopf und allem.» Die Harnache-Szene zeigt explizit, wie das Kampfgeschehen die Zivilgesellschaft mit ekelerregender Krassheit zersetzt: «Der Menschheit war ich nichts mehr schuldig, jedenfalls nicht derjenigen, an die man mit zwanzig glaubt mit Skrupeln so fett wie Kakerlaken, die zwischen sämtlichen Gehirnen und Dingen rumwuseln.»

Passagen wie diese zeigen, dass Céline eine zwiespältige Beziehung zu Gewalt und Emotion hat. An beiden leidet er sein Leben lang: Die körperlichen Spuren seiner Verletzung ist er nicht wieder losgeworden, und seine Affektausbrüche erzeugen heftigen Gegenhass. Dennoch oder gerade deswegen sind sie ihm literarisch ein unverzichtbarer Treibstoff: Célines Romane sind Kriegsmaschinen und Emotionstanker. Im Pseudo-Interview *Entretiens avec le Professeur Y* (1955) bringt er das auf den Begriff: Erstens benötige er die «gesprochene Sprache», um Emotion zu erzeugen, besonders das Argot, die «Sprache des Hasses». Zweitens verwende er sie zielgerichtet: Céline bemüht das Bild einer «empfindsamen U-Bahn», welche Menschenmassen auf «profilierten Schienen» durch die Dunkelheit katapultiert. Damit ist eine speziell geformte Sprache gemeint: Sie wirkt gerade wie Schienen, ist aber verbogen; die emotionale Wirkung im Kopf der Leser hingegen ist direkt. Auf die kommt es Céline an – er will unmittelbar in die «Intimität der Nerven» vordringen. Dieser Autor gibt keine Geschichte zu verstehen, er weckt Emotionen: In Anlehnung an die Malerei nennt Céline sein Vorgehen Impressionismus, wie dieser die Fotografie, so flieht Céline den Realismus.

Wo steht *Krieg* im Gesamtwerk? Seit Auftauchen des Manuskripts streitet die Forschung. In zwei Briefen des Jahres 1934 spricht Céline von einer geplanten Trilogie, so in einem Schreiben an seinen Verleger Denoël vom 16. Juli: «Diesbezüglich habe ich entschieden, von *Tod auf Raten* das erste Buch zu publizieren, nächstes Jahr *Kindheit*, *Krieg*, *London*» (zwei Tage früher ähnlich lautend an Eugène Dabit). Eine Adresse auf einem Manuskriptblatt – eine

Anschrift von Célines verflossener Liebe Elizabeth Craig – war 1933/34 gültig, was eine Datierung auf ca. 1934 ebenso nahelegt wie eine Romanstelle, welche die Ereignisse vom Jahresende 1914 zwanzig Jahre zurückdatiert: «Mittlerweile hab ich Übung darin. Zwanzig Jahre, da lernt man.» All das suggeriert, dass *Krieg* nach der *Reise* verfasst wurde, Céline das Fronterlebnis vertiefend darstellen wollte. Man kann das infrage stellen, eine frühere Niederschrift ansetzen und überlegen, ob *Krieg* möglicherweise eine aussortierte Episode der *Reise* sei – Giulia Mela und Pierluigi Pellini haben es getan. Werkinterne Gründe legen jedoch das spätere Datum um 1934 nahe. Erstens passt die Ereignisfolge von *Krieg* nicht in die *Reise* hinein (*Krieg* schließt mit der Abreise nach London, die *Reise* hingegen lässt der Kriegsepisode die Genesung in Paris folgen), zweitens finden sich zentrale Elemente aus der Zeit *nach* dem Romandebüt, etwa der Name des Protagonisten (Bardamu in der *Reise*, Ferdinand in den Texten danach) sowie Verweise auf andere Texte, zum Beispiel auf *König Krogold*.

Wichtiger als Datierungsfragen sind jedoch die ästhetischen Vorbehalte, die in der Debatte mitschwingen: Ist die Direktheit von *Krieg* überhaupt eine Qualität? Hat Céline nicht versucht, indirekter zu werden? Kurz: Kann man dem Roman die obsessive stilistische Arbeit anmerken, die für Céline typisch ist? Die Fragen gelten für die weiteren wiederentdeckten Manuskripte doppelt. Tatsächlich ist der Stil von *Krieg* nicht mit dem des sonstigen Werks vergleichbar, tatsächlich ist der Text direkter als von Céline gewohnt. Aber der Roman ist doch weit fortgeschritten in der Niederschrift, entwickelt konsequent eine spannende Handlung, skizziert faszinierende Szenen, Bilder, Sätze. Er bietet nicht nur, wie die Literaturwissenschaftlerin und -kritikerin Tiphaine Samoyault pointiert, «eine gute ‹Einleitung›» in Célines Werk, sondern darüber hinaus großen Lesegenuss. Sicher ist: Die deutsche Leserschaft kann sich nun ein eigenes Bild vom wiederentdeckten Céline machen – und muss es können. Schließlich handelt es sich bei *Krieg* um eine Entdeckung, wie sie selten in der Literaturgeschichte vorkommt.

Auswahlbibliographie

Louis-Ferdinand Céline, *Guignol's Band*, Deutsch von Werner Bökenkamp, mit einem Nachwort von Hanns Grössel, Reinbek bei Hamburg: Rowohlt 1985.

Louis-Ferdinand Céline, *Lettres*, préface d'Henri Godard, hg. Henri Godard/Jean-Paul Louis, Paris: Gallimard 2009.

Louis-Ferdinand Céline, *Reise ans Ende der Nacht*, Deutsch von Hinrich Schmidt-Henkel, Reinbek bei Hamburg: Rowohlt 2003.

Louis-Ferdinand Céline, *Tod auf Raten*, Deutsch von Hinrich Schmidt-Henkel, Reinbek bei Hamburg: Rowohlt 2021.

Louis-Ferdinand Céline, *Von einem Schloß zum andern*, Deutsch von Werner Bökenkamp, Reinbek bei Hamburg: Rowohlt [3]2010.

Louis-Ferdinand Céline, *Romans. 1932–1934*, hg. Henri Godard/Pascal Fouché/Regis Tettamanzi, Paris: Gallimard 2023.

Pierre-Edmond Robert (Hg.), *Céline & les Éditions Denoël 1932–1948*, Paris: IMEC 1991.

Émile Brami, *Céline. «Je ne suis pas assez méchant pour me donner en exemple ...»*, Paris: Écriture 2003.

Annick Duraffour/Pierre-André Taguieff, *Céline, la race, le Juif. Légende littéraire et vérité historique*, Paris: Fayard 2017.

François Gibault, *Céline*, Paris: Bouquins 2022.

Henri Godard, *Céline*, Paris: Gallimard 2011.

Henri Godard, *Poétique de Céline*, Paris: Gallimard 1985.

Sven Thorsten Kilian, *Die Szene des Erzählens. Ereignishaftes Sprechen in* Bagatelles pour un massacre, Guignol's band *und* Féerie pour une autre fois *von Louis-Ferdinand Céline*, München: Wilhelm Fink 2012.

Giulia Mela/Pierluigi Pellini, «Genèse d'un best-seller. Quelques hypothèses sur un prétendu ‹roman inédit› de Louis-Ferdinand Céline», 22.7.2022, URL: http://www.item.ens.fr/guerre (aufgerufen am 12.5.2023)

Tiphaine Samoyault, «Céline, rien de neuf», in: *Le Monde* vom 12.5.2023, Beilage *Le Monde des livres*, S. 8.

Jean-Pierre Thibaudat, *Louis-Ferdinand Céline, le trésor retrouvé*, Paris: Allia 2022.

Alice Yaeger Kaplan, *Relevé des sources et citations dans* Bagatelles pour un massacre, Tusson: Lérot 1987.

Krieg

1

Nicht so ganz.[1] Ich habe dann wohl noch einen Teil der folgenden Nacht so dagelegen. Das linke Ohr fest an den Boden geklebt mit Blut, den Mund auch. Zwischen beiden gewaltiger Lärm. Ich schlief inmitten dieses Lärms, und dann fing es an zu regnen, ein richtig dichter Regen. Kersuzon neben mir war sackschwer unter dem Wasser hingestreckt. Ich bewegte einen Arm auf seinen Körper zu. Hab angefasst. Mit dem andern ging es nicht mehr. Wusste nicht mal, wo der war, der andere Arm. Der war weit hoch in die Luft geflogen, wirbelte durch den Raum und dann kam er wieder runter, mir an der Schulter zerren, am nackten Fleisch. Das ließ mich jedes Mal losbrüllen, und dann wurde es noch schlimmer. Danach dann konnte ich noch weniger Lärm machen, mit meinem Geschrei immer noch, als der grauenhafte Krach, der meinen Kopf durchfuhr, tief drinnen wie ein Zug. Es half nichts, sich zu wehren. Da konnte ich zum ersten Mal in diesem ganzen Brei voll vorbeipfeifender Bomben schlafen, in so viel Lärm, wie man sich nur vorstellen kann, ohne ganz und gar weggetreten zu sein, mit anderen Worten, schlicht im Grauen. Außer während der Stunden, wo sie mich operiert haben, bin ich seitdem nie wieder ganz weggetreten gewesen. Seit Dezember 14 habe ich immer in so grässlichem Lärm geschlafen. Der Krieg hat mich im Kopf erwischt. Er ist in meinem Kopf eingesperrt.

Gut. Also, wie gesagt, mitten in der Nacht hab ich mich auf den Bauch gedreht. Ging. Ich lernte allmählich, den Lärm draußen von dem Lärm zu unterscheiden, der mich nie wieder verlassen sollte. Was Schmerzen angeht, kriegte ich voll was mit, auch an der Schulter und am Knie. Trotzdem richtete ich mich auf. Hatte dann doch Hunger mitten in dem allen. Hab mich bisschen um mich selbst gedreht in der Art Pferch, in der wir unser Ende gefunden hatten, Le Drellière und die ganze Kolonne. Wo mochte er jetzt wohl sein? Und die andern? Etliche Stunden, eine ganze Nacht und dann noch ein Tag waren vergangen, seit es sie zermatscht hatte. Nichts mehr übrig von ihnen als kleine Häufchen am Hang und dann in dem Gemüsegarten, wo hier und da noch unsere Wagen rauchten, brutzelten und schmorten. Der große Schmiedewagen war immer noch übel am Verkohlen, der Verpflegungswagen hatte dafür sozusagen noch mehr parat. Der Adjutant mitten da drin war nicht zu erkennen. Dafür ein Stück weiter eins von den Pferden mit irgendwie hinten was dran, einem Stück Deichsel, in der Asche, an die Mauer des Bauernhofes gequetscht, die gerade in Stücken völlig eingestürzt war. Offenbar hatten sie kehrtgemacht und sich im Bombenhagel galoppierend in die Trümmer gestürzt, vom Kugelregen regelrecht gepeitscht, muss man sagen. Le Drellière hatte ganze Arbeit geleistet. Ich hockte noch eine Weile da an derselben Stelle. Gut durchpassierter Bombenbrei. Da waren mindestens zweihundert Granaten auf einmal gekommen. Tote da wie dort. Der Kerl mit den Brotbeuteln war selbst wie eine Granate aufgeplatzt, muss man schon so sagen, vom Hals runter bis mitten in der Hose. Zwei Ratten waren da schon gemütlich in seinem Bauch und knabberten an seinem Brotbeutel mit trockenen Rinden. Es roch nach verdorbenem Fleisch und verbrannt in dem Pferch, aber vor allem wegen dem Haufen in der Mitte, sicher zehn Pferde, aufgeschlitzt ineinander verkeilt. So hatte der Galopp geendet, auf einen Schlag durch eine Bombe, oder drei davon, zwei Meter entfernt. Die Erinnerung an den Geldbeutel, den Le Drellière dabeihatte, die kam mir plötzlich wieder in den Sinn, tief in meiner Zermatschtheit.

Ich wusste immer noch nicht, was und wieso. War nicht imstande, richtig nachzudenken. Trotzdem, auch in dem Entsetzen, in dem ich steckte, quälte mich das schlimm, noch zu dem Sturmgeheul hinzu, das in mir tobte. Offenbar war am Ende ich allein übrig geblieben in diesem verkackten Abenteuer. Die Kanone in der Ferne, ob ich die noch hörte, gar nicht so sicher. Vermischte sich alles. In der Umgebung entdeckte ich kleine Gruppen zu Pferde, zu Fuß, die sich entfernten. Von mir aus durften das sehr gern Deutsche sein, aber sie kamen nicht näher. Die hatten wahrscheinlich anderes zu tun, in anderer Richtung. Hatten sicher ihre Befehle. Das Gelände hier war nach der Schlacht wohl hinüber. Kurz, ich musste mein Regiment ganz allein wiederfinden! Wo mochte es sein? Wenn ich denken wollte, auch nur ein Stückchen, musste ich mehrmals ran, wie wenn man auf einem Bahnsteig miteinander redet, wenn ein Zug durchfährt. Ein Gedankenstückchen, schön laut jedes Mal, eins nach dem andern. Die Nummer macht einen ganz schön fertig, glauben Sie mir. Mittlerweile hab ich Übung darin. Zwanzig Jahre, da lernt man. Mein Grips ist hart, wie ein Bizeps. An Leichtigkeit glaube ich nicht mehr. Habe gelernt, aus kleinen Stückchen Horror, arrangiert zu diesem nie mehr endenden Lärm, Musik zustande zu bringen, Schlaf, Vergebung und, wie Sie sehen, Literatur. Na egal.

In den Trümmern des großen Schmiedewagens war noch Corned Beef. Im Feuer geplatzt die Dosen, für mich gut genug. Aber der Durst. Alles, was ich mit einer Hand fraß, war voll Blut, unvermeidlich, meinem und dem anderer. Dann hab ich eine Leiche gesucht, die noch was Trinkbares dabeihatte. Und fand eine, ganz hinten am Ausgang des Pferchs, bei einem Jäger zu Pferde. Bordeaux, in seinem Mantel, sogar zwei Flaschen. Ganz klar gestohlen, Offiziers-Bordeaux. Danach Richtung Osten, woher wir gekommen waren. Immer hundert Meter auf einmal. Ich spürte genau, dass ich die Sachen irgendwann nur noch verschwommen sah. Mitten auf einem Feld, das schien ein Pferd zu sein. Ich wollte aufsteigen, aus der Nähe war es dann nur eine krass aufgeblähte Kuh, vor drei Tagen krepiert. Klar machte mich das noch mehr fertig. Bald sah ich auch Geschützstellungen, die es sicher nicht mal gab. Mit meinem Ohr war es auch nicht mehr dasselbe.

Echten Fußsoldaten begegnete ich immer noch nicht. Weitere Kilometer. Wieder Blut geschluckt. In Sachen Lärm beruhigte es sich in meinem Kopf ein bisschen. Aber dann hab ich alles ausgekotzt, beide Flaschen, vollständig.

Alles drehte sich. Scheiße, habe ich gedacht, Ferdinand. Du wirst doch jetzt nicht verrecken, wo du das Schlimmste hinter dir hast!

Ich war noch nie so tapfer gewesen wie jetzt. Dann hab ich an den Beutel gedacht, an die ganzen gründlich geplünderten Wagen des Regiments, und dann tat es dreifach weh, der Arm, der ganze Kopf, der grässliche, immer umfassendere Lärm, das Gewissen. Ich hatte Panik, denn eigentlich bin ich ein guter Junge. Ich hätte laut mit mir selbst gesprochen, hätte das Blut meine Zunge nicht festgeklebt. Normalerweise macht mir das Mut.

Platt war diese Landschaft – aber tückische, tiefe Gräben, voll Wasser, da kam man schwer voran. Endlose Umwege, immer wieder zurück an dieselbe Stelle. Dann war mir wieder, als hörte ich Kugeln jaulen. Aber die Tränke, an der ich anhielt, war dann tatsächlich echt. Ich hielt mir den Arm mit dem anderen, weil ich ihn nicht mehr ausstrecken konnte. Er hing tot an meiner Seite. Oben an der Schulter eine Art großer Schwamm aus Stoff und Blut. Die kleinste Bewegung brachte mich schier um, so ein Schmerz war das bis tief ins Innerste, muss man sagen.

Ich spürte Leben, von dem noch viel drin war, es wehrte sich sozusagen. Hätte ich niemals für möglich gehalten, wenn mir wer das erzählt hätte. Im Moment war ich nicht mal so schlecht zu Fuß, na ja, mittlerweile zweihundert Meter aufs Mal. Grauenhafte Schmerzen, von unterm Knie bis in den Kopf. Im Ohr abgesehen davon die reinste Geräuschsuppe, nichts war mehr wie vorher. Die Bäume wie aus Gummi, nicht mehr starr, die Straße unter meinen

Stiefeln wellte sich, eine kleine Berg- und Talbahn. Am Leib hatte ich nichts mehr als meinen Waffenrock und den Regen. Immer noch niemand. Meine Kopffolter hörte ich in der großen und leeren Landschaft laut. Fast machte es mir selbst Angst, wenn ich mir zuhörte. Ich glaubte, ich würde die Schlacht wieder aufwecken, so viel Krach machte ich innerlich. Ich machte in mir drin mehr Krach als eine Schlacht. Auf einem Sonnenflecken in der Ferne steigt aus den Feldern ein echter Glockenturm, ein riesiger. Geh dahin, denke ich. Ein Ziel, so gut wie jedes andere. Und dann setze ich mich hin – mit dem ganzen Tamtam in meiner Birne, mein Arm in Fetzen, und will die Erinnerung daran hervorzwingen, was mir passiert ist. Es ging nicht mehr. Der reinste Jahrmarkt, mein Gedächtnis. Und außerdem war mir zu heiß, der Glockenturm änderte ständig seine Entfernung, er stach mir in die Augen, ganz nah, weiter weg. Vielleicht eine Fata Morgana, denke ich. Aber so blöde bin ich nicht. Da ich überall so Schmerzen haben kann, gibt es auch den Glockenturm. Eine Art, klare Gedanken zu fassen, zum Glauben zurückzufinden. Da gehe ich schon weiter am Straßenrand. In einer Kurve regt sich einer tief im Dreck, sicher hat er mich gesehen. Ich halte das für einen sich windenden Kadaver, wahrscheinlich irre ich mich. Er war gelb angezogen, mit Gewehr, einen so aufgemachten hatte ich noch nie gesehen. Er zitterte, der Typ, oder ich. Er winkt mich zu sich. Also gehe ich hin. Keine Gefahr. In der Nähe spricht er mich an. Ich erkenne es sofort. Ein Engländer war das. Zugerichtet wie ich war, fand ich es fantastisch, dass er ein Engländer war. Blut in der Fresse wie auch ich, gleich antworte ich ihm auf Englisch, es kommt ganz von selbst. Dabei hatte ich keine drei Wörtchen ausspucken wollen, als ich da drüben war, um es zu lernen, aber jetzt mache ich mit dem Gelben Konversation. Die Aufregung wahrscheinlich. Englisch mit ihm zu reden, tat mir sogar im Ohr gut. Als würde der Lärm in mir geringer. Und er hilft mir zu gehen. Stützt mich sorgfältig. Ich blieb oft stehen. Ich denke, immer noch besser, dass er mich findet als einer von den unsrigen Idioten. Ihm brauchte ich wenigstens nicht den ganzen Krieg zu erzählen, um zu erklären, wie unsere Expedition geendet hatte.

«Where are we going?», frag ich ihn ...

«Nach Yprèss!», meint er.[2]

Yprèss, das war sicher der Glockenturm da. Also war er tatsächlich echt, ein städtischer Glockenturm. Sicher noch gut vier Stunden Marsch, so schleppend, wie wir gingen, auf Pfaden und vor allem querfeldein. Ich sah nicht mehr sehr klar, alles durch einen roten Schleier. Ich hatte meinen Körper in lauter Teile geteilt. Der nasse Teil, der besoffene Teil, der Teil mit dem grässlichen Arm, der Teil mit dem grauenhaften Ohr, der Teil voller freundschaftlicher Gefühle für den Engländer, der war sehr tröstlich, der Teil mit dem Knie, das wegknickte wie ganz aus Zufall, der Teil des soeben Vorgefallenen, der sich schon, ich erinnere mich genau, an der Gegenwart festzuklammern versuchte und es nicht schaffte – und schließlich die Zukunft, vor der ich mehr Angst hatte als vor allem anderen, kurz, ein merkwürdiger Teil, der mir dringend eine Geschichte erzählen wollte. Das Ganze ließ sich nicht mal mehr Unglück nennen, es war saukomisch. Dann schafften wir noch einen Kilometer, und dann weigere ich mich weiterzugehen.

«Wo wolltest du hin?», frag ich ihn auf einmal, wollte es wissen.

Ich bleibe stehen. Ich geh nicht weiter. Ist dabei gar nicht mehr weit bis zu seinem Ypres. Die Felder wellten sich ringsum, zu großen, rollenden Buckeln gebläht, als würden Riesenratten die Schollen anheben, während sie sich durch die Furchen schieben. Vielleicht waren das sogar Leute? Zahlreich war das, wie eine Armee dicht über dem Boden ... Bewegte sich wie das Meer, in richtigen Wellen ... Besser, ich blieb sitzen. Vor allem wegen all dem Sturmgeheul zwischen beiden Ohren. Ich war im Kopf nichts mehr als ein orkanartiger Luftstrom. Also schnauzte ich sehr laut los.

«I am not going! I am going to the Bewegungskrieg !»[3]

Gesagt, getan. Ich bin wieder aufgestanden mit meinem Arm und meinem Ohr, überall Blut, und Richtung Feind zurückgegangen, woher wir kamen. Da hat der Kamerad mich angeschnauzt, ich verstand alle Wörter. Wahrscheinlich hatte ich immer höheres Fieber, und je mehr Hitze ich zu ertragen hatte, desto leichter verstand ich Englisch. Ich humpelte, aber in Sachen Tapferkeit war ich ein Dickkopf. Er wusste nicht, wie mich zurückhalten. So haben wir uns gewissermaßen gestritten mitten auf der Ebene. Zum Glück war niemand da, der uns sehen konnte. Am Ende hat er gewonnen, hat mich beim Arm gepackt, dem offenen. Da hat er gewonnen, zwangsläufig. Ich bin mit ihm mit. Aber wir waren noch keine Viertelstunde in Richtung der

Stadt unterwegs, da sehe ich auf der Straße uns entgegen ein gutes Dutzend Reiter in Khaki. Sie waren so nah, dass ich mir Sachen einbildete, dass die Schlacht wieder losgehen würde.

«Hurray!», töne ich, sobald ich sie erblicke. «Hurray!»

Gleich wusste ich, das waren Engländer.

«Hurray!», antworten sie mir.

Ihr Offizier kommt zu uns her. Er lobt mich.

«Brave soldier! Brave soldier!», sagt er. «Where do you come from?»

Daran hatte ich gar nicht mehr gedacht, wo ich from herkomme? Schon machte er mir Angst, der Mistkerl da.

Gleich wollte ich wieder abhauen, nach vorn, nach hinten, zu den Seiten. Da verpasst mir der Kamerad, der sich um mich gekümmert hatte, einen fetten Arschtritt, Richtung Stadt. Niemand fand mehr, ich sollte brave sein. Ich wusste nicht mehr, wohin ich mit mir wollte, nach vorn, nach hinten, und innen drin tat es zu sehr weh. Das hatte Le Drellière nicht gesehen, all das. War zu früh gestorben. Irgendwann auf einmal ist die Straße regelrecht an mir hochgestiegen, ganz sachte, ein wahrer Kuss, könnte ich sagen, bis auf Augenhöhe, und ich habe mich draufgelegt wie in ein weiches Bett mit meinem gewaltigen Bombardement im Kopf und allem. Und dann hat es sich wieder beruhigt, und die Pferde der Khakimänner sind zu mir zurückgekommen, ich meine ihren blöden Galopp, denn gesehen habe ich niemanden mehr.

Als ich wieder zu mir kam, war ich in einer Kirche, auf einem echten Bett. Geweckt wieder durch den Lärm meiner

Ohren, und von einem Hund, ich dachte, er fraß meinen linken Arm. Hab mir nichts draus gemacht. Mir konnte es überhaupt nicht noch mehr wehtun, höchstens vielleicht, sie hätten mir einfach so, ohne Betäubung, den Bauch aufgeschnitten. Nicht eine Stunde, sondern die ganze Nacht hat das gedauert. In diesem Schatten vor meinen Augen kam eine eigenartige Bewegung vorbei, ganz weich und ganz melodisch, die irgendwas in mir geweckt hat.

Ich glaubte nicht mehr dran. Der Arm einer Tusse. Das hat mich sofort ganz kirre gemacht, trotz allem. Ich schielte mit einem Auge nach dem Hintern. Und schau, das wogte ganz reizend unter dem gespannten Stoff zwischen den Bettstellen hin und her. Wie ein neu erwachter Traum. Was das Leben so für Tricks kennt. Die Gedanken gingen wieder los, querfeldein wild durcheinander, und folgten diesem Hintern abwartend, ganz lieb. Dann rollten sie mich in eine Ecke von dieser Kirche, in einen Winkel voller Licht. Da wurde ich wieder ohnmächtig, wegen dem Geruch wahrscheinlich, der sollte mich einschläfern. Wohl zwei Tage vergingen, mit mehr und mehr Schmerzen, mehr gewaltigem Krach in meinem dicken Kopf als mit richtigem Leben. Seltsam, dass ich mich daran erinnere. Nicht, weil das so köstlich gewesen wäre, erinnere ich mich, sondern weil ich für nichts mehr verantwortlich war, ein Blödsack, nicht mal mehr für meinen Wanst. Das war schlimmer als scheußlich, es war eine Schande. Die ganze Person, die einem gegeben ist und die man verteidigt hat, die ungewisse, grässliche Vergangenheit, jetzt schon ganz hart und in diesen Momenten lächerlich, all das zerbröselt, man rennt den

Bruchstücken hinterher. Ich schaute es an, das Leben, fast folterte es mich. Wenn es mir dereinst im Ernst den Todeskampf beschert, dann spuck ich ihm in die Fresse, einfach so. Es ist völlig blödsinnig ab einem bestimmten Augenblick, erzählt mir nichts, ich kenne es gut. Ich habs gesehen. Ich werde es wieder sehen. Wir haben eine Rechnung offen miteinander. Ich scheiß drauf.

Aber ich muss alles erzählen. Nach drei Tagen explodierte eine Bombe am Hochaltar, eine echte. Die Engländer, die das Lazarett betrieben, beschlossen es aufzulösen. Ich war nicht besonders gut dran. Die Formen dieser Kirche bewegten sich auch, Pfeiler aus Mäusespeck wabbelten fröhlich im Gelb und Grün der Fenster. Wir tranken Zitronenlimo aus Nuckelflaschen. Irgendwie tat das schon gut. Ich meine in der Mitte, wo die Flüssigkeiten durchkommen. Einmal in einem Albtraum hab ich sogar oben unter dem Gewölbe auf einem ganz goldenen Pferd, einem geflügelten, General Métuleu des Entrayes vorbeireiten sehen, er suchte mich wahrscheinlich ... Musterte mich, mühte sich, mich zu erkennen, dann hat sein Mund sich bewegt, und sein Schnurrbart ist losgeflattert wie ein Schmetterling.

«Ich hab mich verändert, was, Métuleu?», fragte ich ihn leise und ganz ungezwungen.

Und dann bin ich wieder eingeschlafen trotz allem, mit einer weiteren Angst, einer klaren, in der Ecke zwischen den Augen, ganz tief in meine Gedanken gespitzt, noch tiefer als der Krach, dabei war der enorm, ich sage es ja immer wieder.

Offenbar haben sie uns zum Bahnhof gebracht und dann

weiter per Zug. Viehwaggons. Rochen noch nach frischem Dung. Ganz langsam zogen wir dahin. Gar nicht lange her, da waren wir in der Gegenrichtung angekommen, um Krieg zu veranstalten. Ein, zwei, drei, vier Monate waren schon vergangen. In meinem Waggon nichts als Pritschen auf voller Länge, zwei Reihen. Ich ganz in der Nähe der Tür. Da war noch ein anderer Geruch, der von den Toten, den kannte ich auch gut, und von Karbol. Sie hatten das Lazarett wohl halsüberkopf aufgelöst.

«Muh ... Muh ...!», machte ich wie eine Kuh, sobald ich ein bisschen zu mir gekommen war, es war der passende Ort.

Erst antwortete niemand. Wir fuhren gewissermaßen im Schritttempo. Nach dem dritten Mal antworteten zwei ganz hinten:

«Muh! Muh!», das ist ein guter Ruf für Verwundete. Am leichtesten rauszubringen.

Tsch! Tsch! ... weiter weg, das war sicher die Lokomotive, die bergauf keuchte. Meine Explosionen im Ohr täuschten mich nicht mehr. Alles hielt am Rand eines Flusses, in dem Mondlicht floss, dann zockelten wir wieder los. Fast so wie auf dem Herweg irgendwie. Erinnerte mich an Péronne. Ich fragte mich, was für Landser wohl sonst noch in diesem Güterwagen lagen, ob es Franzosen waren, Engländer oder vielleicht Belgier.

Mit so einem Muh! Muh! kann man sich überall verständigen, also legte ich wieder los.

Keine Antwort mehr. Nur, dass wer da geächzt hatte, jetzt still war. Außer einem, der sagte sein Ave Maria auf, mit irgendeinem Akzent, und dann noch ein *gluck gluck* ganz in meiner Nähe, wahrscheinlich einer, der sich durch den Mund entleerte. Diese Töne kannte ich auch. In zwei Monaten hatte ich mehr oder weniger sämtliche Geräusche der Erde und der Menschen kennengelernt. Dann blieben wir noch mal rund zwei Stunden bewegungslos stehen auf dem Damm, voll in der Kälte. Nichts als das *tsch tsch* der Lokomotive. Und dann noch eine Kuh, die laut muhte auf einer Weide voraus, viel lauter als ich vorhin. Ich antwortete versuchsweise. Sie hatte wohl Hunger. Wir fuhren ein wenig, *brumm, brumm* ... All diese Räder, all dies Fleisch, alle Gedanken dieser Erde zusammengepfercht in dem Lärm hinten in meinem Kopf. In dem Augenblick da dachte ich trotzdem, es wäre vorbei. Dass es jetzt reichte. Ich schob einen Fuß auf den Bretterboden. Er hielt. Ich drehte mich auf die Seite. Setzte mich sogar hin. Schaute im Dunkel des Waggons nach vorn, nach hinten. Zwinkerte. Lauter Leiber, die sich unter den Decken auf den Pritschen nicht mehr rührten. Zwei Reihen Pritschen. Ich machte:

«Muh! Muh!»

Diesmal antwortete niemand. Auch auf den Beinen konnte ich mich halten, nicht lange, aber genug, um bis zur Tür zu kommen. Mit einer Hand schob ich sie weiter auf ... Setzte mich im Dunkeln auf die Kante. Es war ganz genau so, wie als wir in den Krieg gezogen waren, aber noch viel langsamer ging es jetzt wieder zurück. Pferde waren in dem Waggon auch keine. Es war irgendwie richtig kalt, wirklich nicht mehr Sommer, aber ich hatte eine Hitze und einen Durst wie im Sommer, außerdem sah ich Sachen im

Dunkeln. Und hörte sogar, wegen meinem Lärm, Stimmen und dann ganze Kolonnen, die über die Felder zogen, keine zwei Meter vor mir. Sie waren wohl an der Reihe. All das zog in den Krieg. Ich kam von dort zurück. Unser Waggon war eher klein, aber drinnen waren sicher fünfzehn Tote, wenn ich es mir überlege. Vielleicht war ganz in der Ferne noch eine Kanone zu hören. Die anderen Waggons waren sicher genauso. *Tsch! Tsch!* Eine kleine Lokomotive war das, die Mühe hatte, das alles zu ziehen. Wir bewegten uns von der Front weg. Wenn ich mit denen zusammenbleibe, dachte ich, bin ich so gut wie tot, aber ich hatte solche Schmerzen und so einen Lärm im Kopf, dass es andererseits ganz gut gewesen wäre. Irgendwann sehe ich auf einmal das Gesicht der Leiche auf der Pritsche hinten rechts, dann die Gesichter der anderen auch, weil der Waggon direkt unter einer Gaslaterne hielt. Der Anblick brachte mich zum Reden.

«Muh, muh!», rief ich ihnen allen zu.

Und dann schleppte der Zug sich wieder am Rande der Landschaft dahin, eines Graslands unter so dichtem Dunst, dass ich dachte: Ferdinand, kannst du drüberlaufen wie zu Hause?

Und ich lief darüber. Bin gleich los über dieses Daunenbett, wie man es nennen muss. Bekleckerte mich überall mit Wolke. So, sagte ich, diesmal desertiere ich im Ernst. Ich setzte mich hin, es war nass. Ein bisschen weiter sah ich schon die Stadtmauern, hohe Mauern, eine regelrechte Festung beschützt sie. Eine große Stadt des Nordens wahrscheinlich. Ich setz mich also davor hin. Jetzt war ich gerettet, war nicht mehr allein. Ich setze eine kecke Miene auf. Da waren Kersuzon, Keramplech, Gargader und der Junge, Le Cam[4], um mich herum, im Kreis sozusagen. Nur dass ihre Augen jetzt eben geschlossen waren. Vorwürfe machten sie mir. Kurz, sie waren gekommen, um mich zu überwachen. Seit vier Jahren fast waren wir zusammen gewesen! Dabei hatte ich ihnen nie irgendwelche Geschichten erzählt. Gargader blutete heftig mitten auf der Stirn. Der Nebel unter ihm wurde davon ganz rot. Ich hab ihn sogar darauf hingewiesen. Kersuzon, stimmt schon, hatte überhaupt keine Arme mehr, aber große Ohren, gut zum Zuhören. Der Junge, Le Cam, bei dem sah man durch den Kopf das Licht, durch beide Augen hindurch, wie bei einer Brille. Wirklich lustig. Keramplech, der hatte sich einen Bart wachsen lassen, er hatte langes Haar wie eine Dame, den Helm hatte er noch auf und reinigte sich die Nägel mit einer Bajonettspitze. Auch, um mir zuzuhören. Seine Gedärme glitschten ihm aus der Unteretage raus weit ins Land hinein. Ich musste mit ihnen reden, sonst würden sie mich ganz sicher denunzieren. Der Krieg, sagte ich, der läuft im Norden. Absolut nicht hier. Sie sagten nichts.

König Krogold[5] ging nach Hause. Kanonendonner quer übers Land, genau als ich das sagte. Ich schien es nicht zu hören. Das ist nicht wahr, sagte ich. Wir sangen zusammen, alle vier. König Krogold ging nach Hause! Wir sangen falsch. Ich spuckte Kersuzon in die Fresse, ganz rot war die. Und genau da kam mir die Idee. Das war schön. Wir standen vor Christiania. Das denke ich auch heute noch. Auf der Straße, also der nach Süden, kamen Thibaut und Joad auf mich zu.

Komische Kostüme auch, ehrlich gesagt Fetzen. Sie kamen auch aus Christiania, vielleicht zum Plündern. Ihr habt wahrscheinlich Fieber, ihr Haufen Feiglinge! Das schnauzte ich. Kersuzon und die anderen wagten es nicht, mir zu widersprechen. Immerhin war ich hier der Brigadier, selbst nach dem, was mir passiert war. Desertieren oder nicht, da wusste ich immerhin Bescheid. Man musste in allem Bescheid wissen.

«Erzähl mal», sagte ich zu Gargader Yvon, der aus der Gegend hier stammte. «Thibaut hat ihn umgebracht, den alten Morvan, Joads Vater, sag es, er wars, der ihn umgebracht hat. Erzähl», sagte ich. «Erzähl mir noch mehr, das heißt, von noch früher. Erzähl mir, wie er ihn umgebracht hat, Dolch, Strick, Säbel? Nein? Ach, mit einem großen Kiesel hat er ihm die Fresse eingeschmissen!»

«Genau», antwortete Gargader. «Exakt so, Wort für Wort.»

Der alte Morvan hatte ihm nämlich etwas Geld geliehen, damit er den Mund hielt und seinen Sohn nicht mitschleppte weit weg ins Abenteuer, damit er ihn in Ruhe ließ und er sein Leben an der Seite des Vaters in Terdigonde in der Vendée zubringen konnte, wie wir früher in Romanches an der Somme, wo das 22ste sich vor dem Krieg zu Tode gelangweilt hatte. Eines Tages hatte Joads Vater wohl sehr mächtige und sehr reiche Gäste einladen müssen, Leute vom Parlament, die sich bei ihm besoffen. Er war auch besoffen, der alte Morvan, sogar bisschen mehr als die anderen, bis zum Kotzen besoffen. Er hatte seinen Platz beim Bankett verlassen, um sich aus dem Fenster zu beugen. In der Gasse unten war noch niemand. Doch, eine kleine Katze und ein dicker Kieselstein. Thibaut kam gerade um die Ecke.

«Der kommt nicht, dein Freund da. Kommt nicht, um uns zu unterhalten, mit seinem Instrument, dabei ist er schon bezahlt. Hat zwanzig Écus Vorschuss genommen ... Dieser Thibaut ist ein Dieb, hab ich immer gesagt.»

In diesem Moment richtete sich Thibaut, der das gehört hatte, auf, den Kiesel in der Hand, und erledigte den alten Morvan mit einem einzigen blitzschnellen Wurf mitten auf die Schläfe. Gut platzierte Rache für eine Beleidigung letztlich. Furchtbar. Und schon war seine Seele entfleucht, wie der Klang einer schweren Glocke beim ersten Schlag, abgeflogen.

Thibaut betrat das Gebäude mit den Pilgern. Drei Tage später wurde der Staatsanwalt beerdigt. Der alten Mutter Morvan bereitete das schweren Kummer, sie ahnte nichts. Sogar in der Totenkammer ließ dieser Thibaut sich blicken, wie ein Freund. Er und Joad planten ausführliche Kneipengänge. Und dann hatten sie beide auf einmal genug. Joad dachte an nichts anderes als an eine ferne Liebschaft, Prinzessin Wanda, die Tochter von König Krogold, auf den Höhen von Morehande, ebenfalls nördlich von Christiania. Thibaut war auf nichts als Abenteuer aus, nicht mal das reiche Haus konnte ihn zurückhalten. Für nichts und wieder nichts hatte er getötet, letztlich um des Vergnügens willen. Da sind sie beide schon unterwegs. Wir sehen sie quer durch die Bretagne reisen wie einst Gargader, auf ewig verlassen sie Terdigonde in der Vendée, wie Keramplech.

«Und», sage ich zu meinen drei Widerlingen, «ist doch schön, meine Geschichte, oder ...?»

Sie antworteten erst nicht, endlich trat Cambelech hinter mich, den hatte ich nicht mehr erwartet. Seine Fresse war in zwei Teile gespalten, der Unterkiefer hing in ekelerregenden Fetzen.

«Brigadier», spricht er mich einfach so an, er musste beide Hände zu Hilfe nehmen, um seinen Mund zu bewegen ... «Wir hier sind nicht zufrieden, wir brauchen eine andere Geschichte als so eine ...»

«Habt acht!», schnauze ich da. «Habt acht! ...» Noch lauter.

«Beruhigen Sie sich, mein Freund», antwortet die Dame, «beruhigen Sie sich ... Es ist so weit ... Sie trinken das hier, und dann werden Sie erst morgen früh operiert.»

Diese Dinge ereigneten sich im Krankenhaus Parfaite-Miséricorde am 22. Januar 1915 in Noirceur-sur-la-Lys, gegen 4 Uhr nachmittags.[6]

2

In Sachen Behämmertsein konnte es gar nicht besser gehen. Aber ich hatte trotzdem ein hartes Leben, denn sie sammelten mich erst zwei Tage später wieder ein, unten an der Böschung im Gras, wohin ich mich aus dem Eisenbahnwagen hatte rutschen lassen. Ich war immer noch durchgedreht, so viel ist sicher. In dem Krankenhaus, wohin sie mich brachten. Erst mussten sie nachdenken, bevor sie sich entscheiden konnten. Sie wussten nicht, war ich Belgier oder Engländer oder aber Franzose, sie zögerten, derart abgerissen waren meine Klamotten, all das war unterwegs passiert. Und wenn ich ein Deutscher gewesen wäre, sie hätten es nicht erkannt. Übrigens gab es Lazarette für jeden Geschmack in Peurdu-sur-la-Lys. Eine kleine Stadt war das, aber günstig gelegen, um die Wracks aus allen Schlachten aufzunehmen. Sie klebten mir Etiketten auf den Wanst, und am Ende landete ich im Virginal Secours in der Rue des Trois-Capucines, das von Damen der besseren Gesellschaft geleitet wurde und ein paar Nonnen. Das war nicht der einzige geeignete Unterschlupf, wie sich im Weiteren erweisen sollte. Irgendwie kotzte es mich an, dass es mir besser ging, denn während des Transports musste ich mich anstrengen, zur Vernunft zu kommen. Es war nicht mehr so ernst. Die beiden Tage und

Nächte im Gras hatten mir letztlich eher gutgetan, scheiß Lebenskraft. Ich schielte ein bisschen von meiner Trage herab nach den Kerlen, die mich in die Stadt brachten, es waren weißhaarige Pfleger. Schmerzen und Lärm, das Pfeifen, das ganze Theater war natürlich zusammen mit dem Bewusstsein gleich wieder da, aber erträglich. Allerdings war mir der katastrophale Zustand von vorher, dem Tod näher als dem Leben, fast noch lieber gewesen, abgesehen von den Dreckssschmerzen, der Musik und den Gedanken. Jetzt stand außer Frage, falls mich wer ansprach, ließ eine Antwort sich nicht mehr vermeiden. Das ist immer das Schlimme, obwohl ich den Mund noch voller Blut hatte und sogar einen Wattepfropfen im linken Ohr. Den Trick mit dem Traum von der Krogold-Legende konnte ich jetzt nicht mehr anwenden, so frech war ich nicht, ihnen den zu servieren, denn jetzt hatte ich den Tatterich. Kalt, wie ein Toter, aber nur die Kälte. Es ging mir übel. Sie schafften mich durchs Stadttor, eine echte Zugbrücke, mit allen möglichen Vorsichtsmaßnahmen. Wir begegneten Offizieren, dann sogar einem General und außerdem Engländern, alles voller Khakis, die Kneipen, die Friseure. Pferde, die zur Tränke geführt wurden, das rief tausend Erinnerungen wach. Ich warf einen Blick auf all das und dachte dabei an Romanches. Vor wie viel Monaten schon waren wir aufgebrochen? Als wäre eine ganze Welt vergangen, als wären wir vom Mond gefallen ...

Trotzdem verpasste ich kein Fitzelchen von dem neuen Ort. Unmöglich, schlimmer zugerichtet und widerlicher zu sein als ich, dennoch musste ich sehr wohl auf der Hut sein, denn diese Saukerle würden mich schon noch schwer angehen, und schlimmer denn je, wegen meiner Gedankenschwäche, dem blutigen Stück Fleisch oder dem donnernden Ohr, wegen meinem Kopf, der kapituliert hatte.

«Gut, Ferdinand», hab ich mir gesagt, «du bist nicht rechtzeitig krepiert, du bist ein feiner Feigling, sonst nichts, ein verfluchter Hurensohn, geschieht dir schon recht mit deiner Drecksfresse.»

Ich hatte mich nicht sehr geirrt. Ich habe eine Begabung für Fantasie, das kann ich schon sagen, ohne jemanden zu beleidigen. Ich habe auch keine Angst vor der Wirklichkeit, aber was hier in Peurdu-sur-la-Lys vor sich ging, damit konnte man schon ein paar Bataillonen das Fieber austreiben. Keine Fragen. Ich erklärs. Man urteile später. In solchen Fällen geht man auch mit sich selbst zurate. Man hält sich an die kleinen Restchen Hoffnung, die bleiben. Nicht sehr glänzend, diese Hoffnung, ein winzig kleiner Docht ganz hinten am Ende eines absolut feindlichen Korridors. Damit begnüge man sich.

«Bitte sehr, hier entlang.»

Da wären wir. Die Pfleger setzen mich im Untergeschoss ab.

«Er liegt im Koma!», verkündet die Scharteke liebenswert, «lassen Sie ihn hier, schauen wir mal ...»

Ich pruste durch die Nase, als ich diese Bemerkung höre. Mir geht die Muffe, sie könnten mich einfach so in eine von den Kisten packen. Ich sehe lauter Kisten auf Böcken. Und schon kommt die Alte zurück.

«Ich sage Ihnen ja, er liegt im Koma!»

Danach erkundigt sie sich:

«Hat er wenigstens was an der Blase?»

Das schien mir eine seltsame Frage, so benommen, wie ich war. Die Trägerfritzen wussten zu meiner Blase nichts zu sagen. Aber ich musste gerade pissen. Ich lasse es laufen, es tropft von der Trage auf den Boden, die Kacheln. Das sieht die Trulla. Gleich macht sie meine Hose auf. Befingert mir den Romeo. Die Typen gehen raus, einen anderen Blödmann holen. Da beschäftigt sich die Tante noch genauer mit meiner Hose. Glauben Sie mir, was Sie wollen, aber ich werde ein bisschen steif. Ich wollte nicht allzu tot wirken, damit die mich nicht gleich einsargen, aber zu hart wollte ich auch nicht werden, dass ich nicht als Simulant dastand. Absolut nicht, die Schachtel befingert mich so gut und gekonnt, dass ich mich winde. Ich mache ein Auge halb auf. Ein Zimmer mit weißen Vorhängen, der Boden vollständig gefliest. Und da sehe ich auf einmal ganz genau links und rechts die Bahren, darüber starre Leintücher. Kein Irrtum möglich. Das waren welche. Und außerdem auf Böcken noch mehr Särge, die gerade angeschleppt werden. Keine Gelegenheit, sich weiter zu täuschen.

«Streng dich an, Ferdinand, du befindest dich in außergewöhnlichen Umständen. Du bist ein Simulant, also simuliere.»

Ich schien der Kleinen zu gefallen, das schon mal. Sie schreckte nicht zurück. Ließ meinen Schniedel nicht mehr los. Ich denke: Soll ich jetzt lächeln, oder besser nicht? Freundlich dreinschauen oder eher ohnmächtig? Zur Sicherheit stottere ich bisschen rum. Weniger riskant. Versuche es wieder mit meinem Liedchen:

«Ich möchte nach Morehande gehen ...!», meloduliere ich zwischen meinen Blutgerinnseln durch ... «Ich gehe zu König Krogold ... Begebe mich ganz allein auf den großen Kreuzzug ...»

Und schon bemüht sich das gute Kind noch mehr, wichst mich ordentlich und amtlich, ganz beruhigt, weil ich offenbar durchgeknallt bin, nur leider tut es mir am Arm weh, weil ich zittere wie eine Kröte. Ich jaule ein bisschen, dann überlasse ich mich all dem, sie hat mit beiden Händen gut zu tun, ich mach die Augen nicht mehr auf, dann wischt sie mich mit Watte ab. Ich bin von Sinnen, ganz klar. Andere Frauen kommen herein. Ich schiele. So Jüngferchen. Ich höre meine Trulla sagen:

«Mademoiselle Cotydon, Sie müssen ihn katheterisieren, den Verwundeten hier, da können Sie was lernen, der hat auch was an der Blase ... Doktor Méconille hat es dringend empfohlen, als er ging ... ‹Katheterisieren Sie die Verwundeten, die schlecht Wasser lassen können ... Katheterisieren Sie die Verwundeten.›»

Also bringen sie mich in den ersten Stock, angeblich, um mich zu katheterisieren. Ich beruhige mich ein bisschen. Ich schiele. Keine Särge im ersten Stock. Nichts als Betten, dazwischen Wandschirme.

Zu viert machen sich die Damen daran, mich auszuziehen. Erst werde ich von oben bis unten nass gemacht, alle Lumpen, weil alles verklebt ist, vom Schopf bis zu den Socken. Meine Füße sind mit dem Schuhleder verschmolzen.

Ziemlich schmerzhafte Manöver. In den Armen habe ich Maden, ich seh sie zappeln, ich spüre sie. Schon ist es der kleinen Cotydon etwas unwohl. Die mich vorhin gewichst hat, übernimmt. Ist gar nicht übel, abgesehen von den vorstehenden Zähnen, bisschen grünlich sind die auch, ziemlich faule Sache das. Macht aber nichts. Offenbar war das hier die ordentlichste und erfreulichste Atmosphäre, die zu haben war. Ich mache beide Augen auf, aber starr zur Decke gerichtet.

«Tod Gwendor, dem Eidbrecher, Tod den eidbrüchigen Deutschen ... Tod denen, die das arme Belgien überfallen haben.»

Ich spinne los wie blöd. Ich treffe Vorsichtsmaßnahmen, ich werde gemustert ... Sie sind immer noch zu viert.

«Er halluziniert wieder, der Arme. Bringen Sie mir das Nötige. Ich werde ihn selbst katheterisieren», überlegt die Wichserin.

«Gut, Mademoiselle, ich bringe Ihnen sofort die Katheter.»

Dann ließen sie mich mit dieser Person allein. Gesagt, getan. Aber dann so richtig, langsam schubberte sie mir das Innere des Schwanzes auf. Das war kein Spaß. Ich hatte keinen Ständer mehr. Aber rumzuschnauzen traute ich mich trotzdem nicht. Dann hat sie mich verbunden, hat mir den Kopf, das Ohr und den Arm pflastern lassen, mit dem Löffel was zu trinken eingeflößt, und dann ließen sie mich in Ruhe.

«Ruhen Sie sich aus», sagte die Oberkatheterisiererin, «nachher kommt Hauptmann Boisy Jousse, unser zuständiger Offizier, der stellt Ihnen ein paar Fragen. Falls Sie denn imstande sind, ihm zu antworten, und heute Abend kommt Dr. Méconille für die Visite ...»

Es gab also eine Zukunft. Ich würde ganz sicher nicht «imstande» sein, wie sie sagte. Dem Boisy Jousse sagte ich erst mal gar nichts. Ganz einfach, fast zehn Tage lang dachten sie, was sie wollten. Ich hatte keine Papiere dabei. Ich hatte nichts als meine querüber blutig geschossene Fresse und den Rest desgleichen, innen drin noch viel schlimmer, fertig. Ich hatte auch keine Angst mehr, dass sie mich wieder katheterisierten. Es war die reinste Manie. Mademoiselle L'Espinasse, so hieß die mit dem Katheter, die führte das Kommando. Abends stellte man bei mir Fieber fest, das war gut. Wundbrand hatte ich keinen, aber knapp davor. Ich spürte es nur. Trotzdem war es immer noch fraglich, ob sie mich unten mit den Sterbenden isolierten oder nicht. Die Katheterei schien die L'Espinasse nicht mehr zu amüsieren, sie wichste mich auch nicht mehr. Nur einmal abends kam der Arzt nicht, er war beschäftigt. Sie ging zwischen den Betten durch, sie küsste mich hinter dem Paravent sanft auf die Stirn. Sofort servierte ich ihr eine kleine Ladung gemurmelte Poesie ... wie wenn man sein Leben aushaucht ...

«Wanda, warte nicht mehr auf deinen Verlobten, Gwendor, harre nicht mehr eines Retters ... Joad, dein Herz kennt keine Tapferkeit ... Thibaut sehe ich, wie er sich dem Norden nähert ... Ganz im Norden von Morehande wird Krogold auftauchen ... mich fassen ...»

Und dann gurgelte ich ein bisschen, ich schaffte es sogar, Blut zu spucken, indem ich mit beiden Nasenflügeln ordentlich pumpte. Da tupfte sie mir die Nasenlöcher mit einer Kompresse und küsste mich wieder. Sie war wirklich mit Leidenschaft dabei. Ihren Charakter begriff ich nicht recht, aber mir schwante schon, dass ich die Schnuspel noch dringend brauchen würde, später. Gut dran getan!

Als Dr. Méconille mich am nächsten Morgen gesehen hatte, begeistert er sich sofort für meinen Fall. Er wollte mich spornstreichs operieren, gleich am selben Abend, sagte er. Die L'Espinasse hat sich dagegen ausgesprochen von wegen meiner Erschöpfung. Ich glaube, damit hat sie mir das Leben gerettet. Er, wenn ich es recht verstanden hatte, er wollte mir umgehend die Kugel hinterm Ohr rausschneiden. Aber ihr ging das zu weit. Ich brauchte den Méconille nur anzusehen, gleich war ich sicher, wenn der sich meinen Kopf vornahm, war ich geliefert. Sobald er raus war, beglückwünschen die Mädchen um die L'Espinasse herum sie, weil sie sich für mich eingesetzt und widerstanden hatte, Méconille sei schließlich Allgemeinarzt, kein Chirurg, der wolle nur üben, sollte er doch besser mit den leichten Fällen anfangen. Der Krieg würde noch lange genug dauern ... da hätte er alle Zeit, sollte er doch erst mal den Knochen in meinem Arm wieder zusammenbasteln, der sei doch auch gebrochen, der Kopf sei für ihn viel zu schwierig ... für den Anfang. Dass sie mir bei der Ankunft gleich das kleine Lazarett unten im Keller gezeigt hatten, das hatte mich zusätzlich entsetzt, die reinste Panik. Hätten sie mir nicht das kleine Lazarett mit den Böcken und den beiden Bahren drauf gezeigt, vielleicht hätte ich mich nicht widersetzt, hätte mich gefügt, aber das zu wissen, diese Kisten gesehen zu haben, das ließ mich widerstehen, und zwar gewaltig. Wie dies Lazarett mich anwiderte, der Geruch der Fäulnis, der Toten. Und wenn dieser Méconille mich mit seiner Operation nicht umbrachte, würde er todsicher mindestens den Schwindel und das Gewitter und den pfeifenden Zug in meinem Kopf noch verstärken, indem er in meinen Geheimnissen rumstocherte. Ich nutzte ihn, um mich von meiner Folter abzulenken. Um mich zu erleichtern, hatte ich kein bisschen Vertrauen in ihn. Den brauchte man sich bloß anzuschauen. Erstens trug er die ganze Zeit eine Brille und noch ein Lorgnon dazu, einen Bart, größer als sein Gesicht, einen viel zu engen Kittel, er konnte nicht mal die Arme abspreizen, er hatte Hände, behaart bis an die Fingernägel, dazu trug er Wickelgamaschen, die sich lösten und lang hinter seinen Fersen herschleiften. Kurz, alles, was dreckig ist und einem unangenehm, das war Méconille. Es gab also keine Entscheidung, er bedachte mich bei der Visite mit einem heimtückischen Blick, und dann ließen sie mich hängen und weiterleiden, bis mich die L'Espinasse eines schönen Morgens doch noch sehr liebenswürdig nach meiner Matrikelnummer fragte. Ich nannte irgendeine. Ging sie nichts an. So spät wie nur möglich, dachte ich, würde ich mich identifizieren lassen. Und am nächsten Morgen kriegte ich in aller Herrgottsfrühe die Äthermaske verpasst. Was grässliche Empfindungen angeht, hatte ich mein Fett schon weg, aber jetzt kümmerte sich die L'Espinasse noch mal extra um mich, sie drückte mir die Maske fest auf den Rüssel, mit beiden Händen. Sie war kräftig.

Erst habe ich das ordentlich genossen. Ich schwörs, sie hatten mich so leiden lassen, dass ich mich ihrer Betäubungsmaske mit einer Art Freude überließ. In Sachen Behämmerung entfesselte der Äther einen wahren persönlichen Orkan, das war dann doch überraschend. Ich tauchte in dies Orchester ein, das ich wahrscheinlich nie wieder hören würde, wie ins Herz einer Lokomotive. Nur spürte ich absolut, dass es mein eigenes war, mein Herz, das den wilden Tanz zu liefern hatte. Da hatte ich Bedenken um seinetwillen. Das ist ein gutes Herz, nur Mut, Ferdinand, dachte ich ... Du solltest es gut behandeln ... Das ist nicht nett, was du hier machst, das ist ganz schön feige ... Du nutzt es aus ...

Also wollte ich gleich wieder an die Oberfläche des Lärms zurück, der Kleinen, der L'Espinasse eins auf die Nuss geben ... Aber sie hielt mich unerbittlich unter der Maske, sozusagen im Schwitzkasten, die Kuh ... Tricks, um wieder hochzukommen ... Unter ihren Händen wurde ich mit meinem ganzen Fleisch zum Klöppel einer Glocke ... Mal hierhin mit meinem Kopf ... *Bummm* hinter den Augen, *bammm* gegens Ohr. Fast kam ich wieder hoch ... Rot ... auf ... weiß ... Aber sie behielt die Oberhand, die Schlampe.

Gut. Jetzt erzähle ich erst mal die Nummer vom Aufwachen ... Ich höre mich selbst rumschreien, muss man sich vorstellen ...

«Liebchen! ach Liebchen! ...», und dann noch mal lauter.

Genau das hatte ich gefunden im Unendlichen. Ich kam aus dem beschissenen Nichts mit einem Liebchen zurück! Dabei hatte ich gar kein Liebchen. Hatte in meinem ganzen verhurten Leben noch keins gehabt, muss man sagen. Eine zärtliche Anwandlung, die mir da hochkam und die mich genauer besehen gleich ankotzte, als ich das hörte. Und dann sehe ich im selben Moment die Blumen und den Wandschirm, und sofort spucke ich einen guten Strahl bittere Galle voll aufs Kissen. Ich winde mich. Ich reiße mir den Arm aus. Sie waren zu viert mindestens, und zwar Männer, die mich festhielten. Ich küble also. Und die Erste, die ich wirklich erkenne, ist meine Mutter, und dann meinen Vater und dann weiter weg Mademoiselle L'Espinasse. All das schliert und wedelt wie unten in einem Aquarium, dann beruhigt es sich endlich und ich höre genau, wie meine Mutter zu mir sagt:

«Na aber Ferdinand, beruhige dich, mein Kleiner ...»

Sie weinte ein bisschen, aber ich konnte schon sehen, es ärgerte sie, dass ich mich danebenbenahm. Obwohl völlig im Nebel, verstehe ich das, mein Vater war auch noch da, etwas weiter zurück. Er hatte seine weiße Krawatte umgebunden und sich den Anzug angezogen für den Besuch.

«Wir haben Ihren Arm wieder gerichtet, Ferdinand», meint die L'Espinasse da, «Herr Doktor Méconille ist sehr zufrieden mit der Operation.»

«Oh, wir sind Ihnen so dankbar, Mademoiselle», meine Mutter lässt sie kaum ausreden. «Ich kann Ihnen versichern, mein Sohn wird ihm ausgesprochen in Dank verbunden sein, und auch Ihnen, Mademoiselle, Sie pflegen ihn mit einer solchen Hingabe.»

Außerdem hatten sie aus Paris Geschenke mitgebracht,

aus ihrem Laden, schon wieder Opfer. Wir mussten sofort unsere Dankbarkeit unter Beweis stellen. Meine Mutter am Fußende des Bettes war immer noch wahnsinnig peinlich berührt wegen meiner Kotzerei, und meinem Geschimpfe, und meiner Unflätigkeit, und mein Vater fand mich mal wieder ausgesprochen ungezogen.

Offenbar hatte man doch noch Militärpapiere in meiner Tasche gefunden, sodass man die Eltern benachrichtigen konnte. Der Gedanke schoss mir wie ein Eiszapfen mitten ins Hirn.

Das war alles gar nicht lustig. Jetzt saßen sie gut zwei oder drei Stunden da und beobachteten, wie ich wieder zu mir kam. Gleich hatte ich gar keine Eile mehr, sie zu hören und die Situation zu begreifen. Und dann legte meine Mutter wieder los. Ihr großes Vorrecht, die Mutterliebe. Ich antwortete nicht. Sie kotzte mich noch mehr an als sonst. Eigentlich hätte ich ihr gern was um die Ohren gehauen. Tausend gute Gründe hatte ich dafür, nicht alle völlig klar, aber scheußlich trotzdem. Einen ganzen Arsch voll Gründen. Er dagegen sagte nicht viel. Als ob er der Sache nicht traute. Glotzte wie ein frittierter Fisch. Da hatten wir den Krieg, von dem er immer geredet hatte, da hatten wir ihn. Sie waren extra aus Paris gekommen, um mich zu sehen. Hatten wahrscheinlich beim Kommissar in Saint-Gaille eine Erlaubnis zum Frontbesuch beantragt. Gleich laberten sie vom Laden los, den furchtbaren Sorgen, die sie hatten, weil das Geschäft nicht lief. Ich hörte sie nicht so gut wegen meinem Ohrgetöse, aber gut genug. Milde stimmte mich das nicht. Ich schaute sie wieder an. Zwei Unglücksgestalten da am Fuß meines Bettes, und doch waren beide von einer rührenden Unschuld.

«Scheiße», sagte ich schließlich, «ich hab euch nichts zu sagen, haut ab ...»

«Oh! Ferdinand» – meine Mutter – «was machst du uns für einen Kummer. Freuen solltest du dich. Du hast es aus dem Krieg geschafft. Ja, du bist verwundet, aber mit der Gesundheit wird es sicher bald wieder besser gehen. Dann ist der Krieg vorbei. Du findest eine gute Stellung. Und jetzt wirst du vernünftig sein, ganz sicher wirst du lange leben. Deine Gesundheit ist im Grunde hervorragend, deine Eltern sind beide in guter Verfassung. Du weißt, wir haben es nie in irgendeiner Weise übertrieben ... Du bist zu Hause gut versorgt worden ... Hier die Damen kümmern sich um dich ... Wir haben mit einem Arzt geredet, als wir hochkamen ... Er spricht sehr freundlich über dich ...»

Ich sagte nichts mehr. Nie habe ich etwas so Widerwärtiges gesehen oder gehört wie meinen Vater und meine Mutter. Ich tat so, als würde ich wegschlummern. Und da gingen sie, jammerten Richtung Bahnhof ab.

«Er halluziniert, wissen Sie, er halluziniert», entschuldigte mich und tröstete sie die L'Espinasse, während sie sie hinausbegleitete.

Ich hörte sie im Flur.

Und dann ging es gleich so weiter. Ein Unglück kommt selten allein. Kaum eine Stunde später, da kündigen sie mir Madame Onime höchstpersönlich an, die Marketenderin des Regiments. Da steht sie schon murmelnd am Fuß meines Betts. Ich mache auf weggetreten. Einen kleinen Hut mit einem Vogel drauf trug sie, Schleierchen und Boa und Pelz. Luxus. Ein Taschentuch für den Kummer, aber ich schaute mir genau ihre Augen an. Ich kannte sie. Sie ist diejenige, die die Fragen stellt. Sie kreiste das Drama ein. Ich frage mich erst mal, woher sie das wissen konnte? Ich hatte gar nicht mehr daran gedacht, aber jetzt wieder. Die Expedition unserer Abteilung und wie die ausgegangen war, das ließ sich ja nicht erklären. Das sind Sachen, die spürt man nur. Sie konnte das nicht spüren, Onime, das Biest.

«Er ist tot», sagte ich einfach nur, «er ist in Tapferkeit gestorben!», und das wars.

Da fiel sie auf die Knie.

«Oh! Ferdinand», machte sie. «Oh! Ferdinand.»

Sie erhob sich, als wollte sie schwanken, dann ging sie wieder auf die Knie. Schluchzte los, das Gesicht tief in meinen Decken. Ich traue so einem Theater ja nicht. Recht hatte ich. Da heult sie immer noch. Madamchen L'Espinasse war sicher nicht weit und hörte das, wahrscheinlich hinter dem Wandschirm. Da tauchte sie schon ganz verkniffen auf.

«Die Verwundeten dürfen nicht bedrängt werden, Madame, auf ärztliche Anweisung. Die Besuchszeit ist beendet ...»

Da stand die Onime wieder auf, mit einem Schwung, beleidigt, verärgert.

«Ferdinand», sagte sie schön laut, damit alle es hörten, «Sie vergessen nicht, dass Sie bei mir im Regiment noch eine Rechnung offen haben, dreihundertzweiundzwanzig Francs ... Wann beabsichtigen Sie das zu begleichen?»

«Ich weiß nicht, Madame ... Hier bekomme ich kein Geld ...»

«Ach, Sie bekommen kein Geld! Gut, dann muss ich wieder mal Ihren Eltern schreiben. Dabei dachte ich, ich hätte Ihr Ehrenwort, dass Sie bei mir keine Schulden mehr machen ...»

Das sagte sie, um mich bei der L'Espinasse herabzusetzen. Und fügte noch hinzu:

«Mir scheint, ich wäre Ihren Eltern bei der Ankunft begegnet. Vielleicht treffe ich sie noch am Bahnhof an.»

Eins, zwei, fix, da rauscht sie schon die Treppe runter ... Ich zähle bis hundert, dann bis zweihundert. Eine knappe Viertelstunde später kommt mein Vater wieder ... Außer Atem, bestürzt.

«Was sagst du uns das denn nicht, Ferdinand, schon wieder ein Schicksalsschlag für uns. Auf dem Bahnsteig spricht uns die Marketenderin auf Schulden von dir an. Ein Betrag, den du ihr seit dem Aufbruch aus dem Lager schuldest. Und das uns, die wir ein ganzes mühsames Leben lang unter solchen Entbehrungen dafür gesorgt haben, dass es dir an nichts fehlt, das weißt du besser als sonst wer! Du machst uns nichts als Schande. Aber dreihundert Francs ... so, wie die Zeiten sind, müssen wir dafür einen Kredit aufnehmen, was weiß ich, an Armen und Beinen muss man uns zur Ader lassen, deine Mutter muss ihre Ohrringe wieder versetzen. Ich habe versprochen, deine Schulden innerhalb von acht Tagen zu begleichen, Ehrenmann, der ich bin! Mach dir das klar, Ferdinand, es herrscht Krieg, vergiss das nicht! Unser Geschäft liegt völlig am Boden, du weißt doch, wie wir uns schinden ... Es ist nicht mal sicher, dass ich meine Stellung bei der *Coccinelle*-Versicherung behalten kann.»

Ihm standen Tränen in den Augen ... Aber die L'Espinasse schritt noch mal ein, er solle mich schonen. Da ging er, Entschuldigungen stotternd. Wahrscheinlich haben sie sich am Bahnhof dann wiedergesehen. Es wurde dunkel.

Noch am selben Abend so gegen elf Uhr machte sich die L'Espinasse eigens die Mühe, mir mitzuteilen, dass ich am nächsten Morgen in den allgemeinen Krankensaal verlegt würde, wegen Ankunft frisch Verwundeter. Mir gehe es ja seit gestern tatsächlich viel besser, blabla, blabla, aber sie glaubte, ich bräuchte doch noch mal einen Katheter. Es war jetzt nicht der Augenblick, mich zu widersetzen, einen auf Kerl zu machen. Ich kannte den Spaß schon, sie nahm den dicksten Katheter des Sortiments. Das schabte. Sie machte es mir ganz allein. Instinktiv war mir klar, wenn ich mich sträubte, würde ich eine fette Rechnung dafür kriegen. Ich nahm an, dass noch was anderes dahinterstand. Die Sache dauerte gut zehn Minuten. Irgendwann heulte ich wirklich, aber nicht aus Sentimentalität.

Gut. Am nächsten Morgen bringen sie mich in den Saint-Gonzef-Saal. Ich lag zwischen Bébert und dem Zuaven[7] Oscar. Von dem rede ich gar nicht weiter, denn er erledigte seine Bedürfnisse durch den Katheter während der drei Wochen, die er neben mir lag. Er sprach von nichts anderem. Von dem üblen Durchfall, der ihn von oben bis unten gepackt hatte, und von einer Darmverletzung. Sein Wanst war wie ein Marmeladenkessel. Wenn es da drin allzu sehr gärte, lief es via Katheter über, bis unters Bett. Dann sagte er, tut gut. Er lächelte alle an. Grinsen. Tut gut, sagte er immer wieder, er war so voll. Am Ende ist er grinsend gestorben. Tut gut, sagte er noch mal, er war zum Bersten gefüllt.

Bébert rechts von mir, das war eine andere Sache. Aus Paris kam er, wie ich, aber er war vom 70., von der Bastion an der Porte Brançion. Er eröffnete mir sofort neue Horizonte. Als ich ihm mein Leben schilderte, fand er es schwierig.

«Ich habe mich entschieden», sagte er. «Ich bin erst neunzehneinhalb, aber ich bin verheiratet, ich habe mich entschieden.»

Ich begriff das nicht gleich, aber ich bestaunte ihn. Ich dachte, ich wüsste einigermaßen Bescheid, aber er war ganz großartig. Im Moment war er am Fuß verwundet, am linken großen Zeh genauer, ein praktischer Treffer. Er hatte das Spiel von der L'Espinasse durchschaut, und zwar bis auf den Grund.

«Von der Trulla kann ich dir bisschen was erzählen, da kämst du von selbst im Leben nicht drauf.»

Dieser Bébert gab mir wieder etwas Freude an der Neugier zurück. Gutes Zeichen. Der Arm war ja auch ganz erträglich, seit Méconille mich operiert hatte. Ich wichste mit links, ich übte.

Aber sobald ich aufstand, wankte ich auf meinen Fersen wie so ein Kegel. Musste mich alle zwanzig Schritt hinsetzen. Das Getröte in meinen Ohren veranstaltete einen unvorstellbaren Rummel. Es war so laut, dass ich Bébert fragte, ob er denn nichts hörte. Ich lernte, seine Geschichten durch meinen eigenen Lärm hindurch mitzukriegen, aber er musste immer noch lauter reden, noch lauter. Am Ende amüsierten wir uns.

«Du bist achtzig», meinte er, «genauso taub wie der Onkel von Angèle, meiner Amtlichen, der alte Kerl war bei der Marine.»

Angèle, das war seine ganze Familie, seine Frau, und auch noch legal, er redete nur von ihr. Sie war achtzehn.

Andere Typen in dem Saal gab es für jeden Geschmack, Verwundete jeden Grades, Reservisten vor allem, aber alles Blödmänner. Viele kamen rein und gleich wieder raus, auf irdischem oder himmlischem Wege. Mindestens jeder Dritte röchelte. Vielleicht waren wir alles in allem fünfundzwanzig in dem Saint-Gonzef-Saal. Abends gegen zehn rutschte ich so langsam ab, dann drehte ich mich auf meiner Matratze um und versuchte, den Schnabel zu halten, dass ich die anderen nicht weckte. Ich merkte, wie üble Delirien mich schüttelten. Am nächsten Morgen fragte ich Bébert, ob er gelegentlich die Kleine, die L'Espinasse, gesehen hatte, ob sie extra zu meinem Bett gekommen war, um mich zu wichsen, sobald ich abdrehte. Nein, sagte er. Er war vorsichtig. Aber ich wusste trotzdem, ganz blind war ich nicht. So vergeht die Zeit. Am Ende stelle ich mich mit der L'Espinasse so gut wies geht. Ich halte mich ganz ordentlich. Ihre grünlichen Zähne machten mir am Anfang keine Angst, zumal sie abgesehen davon herrliche Arme hatte, muss man sagen, schön rundlich. Ich dachte, die Beine müssten auch schön sein. Ich könnte sie vögeln. Ich strengte mich an, mich zu erregen. Irgendwann habe ich weniger deliriert, sogar abends. Sie nutzte den Umstand, dass nur noch ein Nachtlicht brannte, um mir ganz allein gute Nacht zu sagen. Sehr freundlich sagte sie das ... Sie schob mir nicht die Hand unter die Eier, dabei war ich darauf gefasst. Nein, es wurde poetisch, es war Herz mit dabei. Sogar Bébert fiel das auf.

«So, wie sie sich zu dir runterbeugt, wirst du die Schachtel mit Sicherheit nageln, und zwar gründlich, aber pass bloß auf, ich warne dich gleich, wenn ein Amputierter reinkommt, denn dann dreht sich der Wind und du bist eins, zwei, fix vergessen. Ich will ja nichts sagen, aber sei gewarnt ...»

Der war abgebrüht, der kleine Bébert, nicht zu glauben ... Gut. Noch zwei Wochen vergehen. Wir kamen nicht raus, wir wussten nicht, was draußen lief, aber die Unsrigen waren sicher auf dem Rückzug, die Front näherte sich. Kein Wunder, dass die Kanonen deutlich zu hören waren, sogar von dort aus, wo wir lagen, in dem Schlafssal zum Hof raus. Gegen Mittag flogen auch regelmäßig feindliche Flugzeuge über uns weg, nicht sehr bösartig insgesamt, drei Bomben, höchstens. Die Damen standen zitternd in der Ecke, mit ganz veränderter Stimme. Es gibt auch eine damenhafte Tapferkeit. Méconille verpisste sich in diesen Fällen ganz einfach über die Treppe. Danach kam er zurück ...

«Mir scheint, die kommen jetzt sehr viel häufiger», bemerkte er.

Das störte ihn.

Von meinem Vater Briefe, perfekt geschrieben, in perfektem Stil. Er mahnte mich zur Geduld, sagte demnächst bevorstehenden Frieden voraus, erzählte mir von ihren Schwierigkeiten, vom Laden in der Passage des Bérésinas, den unbeschreiblichen Gemeinheiten der Nachbarn, den Zusatzarbeiten, die er bei der *Coccinelle*-Versicherung übernahm, um die Frontkämpfer zu ersetzen.

«Wir haben deine Marketenderin ausgezahlt, fang bloß nicht wieder an, wo du jetzt bist, Schulden führen auf geradem Wege in die Schande.»

Wiederum beglückwünschte er mich lang und breit für meine Tapferkeit. Es erstaunte mich ernstlich, dass er es so mit Tapferkeit hatte. Er wusste nicht, was das war, genauso wenig wie ich. Kurz und gut, er beunruhigte mich. Sosehr ich dabei war, mich in einer beschissenen Pampe aufzulösen, nicht mal sehr glaubwürdig, so übertrieben war die, so ließen die Briefe meines Vaters mich doch aufmerken, durch ihren Ton. Selbst, wenn man nur noch zehn Minuten zu leben hätte, würde man immer noch nach zärtlichen Gefühlen suchen. In den Briefen meines Vaters war meine ganze grässliche Jugend enthalten, die gestorben war. Ich sehnte mich nach nichts, sie war nur ein stinkender Mist gewesen, voller Ängste, ein Horror, aber es war eben doch meine kleine Vergangenheit als verkacktes Gör, die er da auf das Feldpostpapier brachte, mit wohlgesetzten, abgewogenen Worten.

Wo ich mich befand, hätte ich mir zum Krepieren eine lebhaftere Musik gewünscht, eine, die ganz mir gehörte. Das Grausamste an dem ganzen Dreck ist, dass ich die Musik in den Sätzen meines Vaters gar nicht mochte. Ich glaube, ich wäre noch von den Toten auferstanden, um ihm auf seine Sätze zu kotzen. Man ändert sich nicht. Den Moment hinausschieben, wo man den Löffel abgibt, das geht noch, aber alles, was vorausgeht, bringt einen an die Grenze, das ganze Gemetzel, Gesabber, die Foltereien, die dem letzten Hickser vorausgehen. Also muss man sich entweder sehr kurz fassen oder sehr reich sein. Wenn die L'Espinasse mich nachts betatschen kam, hätte ich zweimal fast in ihren Armen geweint. Aber ich beherrschte mich. Schuld war mein Vater mit seinen Schreiben. Denn einer Sache kann ich mich rühmen, ganz allein bin ich ziemlich tapfer.

Wahrscheinlich würden Sie diese Stadt gern besser kennenlernen, Peurdu-sur-la-Lys. Es vergingen noch gut drei Wochen, bevor ich aufstehen konnte und man mich auf die Straße ließ. Was Sorgen anging, hatte ich auch mein Fett weg. Bébert sagte ich nichts. Ich glaube, ich spürte, dass er ebenfalls genügend Kummer hatte. Mein einziger Schutz war im Grunde die L'Espinasse. Der Méconille zählte nicht, sie hatte das Geld, sie hielt das Lazarett am Laufen.

Jeden Tag kam der Pfaffe vorbei. Drehte seine Kreise wie ein Geier, war aber nicht schwer zu befrieden. Eine kleine Beichte hier und da, schon war er glücklich. Er strahlte. Ich beichtete also. Natürlich erzählte ich nur unwesentliches Zeug. Gar nicht so dumm. Bébert beichtete auch.

Méconille war einer von der hinterhältigeren Sorte, er bestand darauf, mir die Kugel rauszubasteln. Morgens schaute er mir in den Mund und ins Ohr, mit optischem Gerät aller Größen, dabei musste er schielen.

«Wir werden uns ein Herz fassen und Ihnen das rausholen müssen, Ferdinand ... Sonst ist Ihr Ohr verloren ... und Ihr Kopf vielleicht auch ...»

Es galt, sich blöde zu stellen, sich ihm zu widersetzen, ohne ihn allzu sehr zu kränken. Bébert krümmte sich vor Lachen, wenn er mich mit Méconille debattieren sah. L'Espinasse, die Tussi, ermutigte mich im Hintergrund zum Widerstand, doch nicht zu sehr. Als würde sie nass davon zu sehen, wie ich den Méconille hinhielt. Sie kam abends vorbei und rieb mir unbeteiligten Gesichts den Schwanz heiß. Im Grunde war sie mein einziger Schutz, auch wenn ich mich, wie Bébert sagte, nicht auf sie verlassen durfte. Der hatte gut reden! Die L'Espinasse hatte beim Generalstab einen so dicken Stein im Brett, die konnte für mich wahrscheinlich ein halbes Jahr Erholung beantragen und würde keinesfalls abgeschmettert werden.

Aber die Sammlung war noch nicht komplett. Eines Morgens sehe ich, wie ein Vier-Tressen-General den Saal betritt, vor ihm her, genau, die L'Espinasse. Bei den Fressen, die sie zogen, sah ich gleich, da ist Unheil im Anmarsch.

Ferdinand, denke ich, da ist der Feind, der wirklich wahre, der Feind deines Fleisches und deines ganzen Selbst ... schau dir bloß die Visage von diesem General da an, den siehst du nicht kommen, aber der kriegt dich am Arsch, wo du auch bist, sage ich nur mir allein. Das trennt mich von der Welt. Vorerst redet nur noch der Instinkt mit mir, und der irrt sich nicht. Später können sie mir immer noch fröhliche Liedchen verpassen, Jahrmarkt, Vergnügungen, Oper, Dudelsäcke, oder sogar die seidigen Ärschelchen von den Engeln im Paradies.

Meine Intelligenz ist ungemindert, ich wappne mich bis zum Rüssel, nicht mal der Mont Blanc auf Rädern könnte mich von der Stelle bewegen. Der Instinkt irrt sich nicht, wenn es um die Gemeinheit der Leute geht. Schluss mit lustig. Man zählt seine Kugeln. Ende der Fahnenstange. Der Knilch kommt also näher, zu meinem Bett. Setzt sich hin, macht seine prallvolle Aktentasche auf. Bébert spitzte schon die Ohren, wie ich mich schlagen würde. Die L'Espinasse stellt ihn mir vor.

«Herr Kommandeur Récumel, Berichterstatter beim Kriegsrat des 92. Armeecorps, er untersucht die Umstände, unter denen Sie mit Ihrem Konvoi geschlagen wurden, es handelte sich, stimmts, um einen Hinterhalt, Ferdinand, wie Sie mir erzählt haben ... Spione haben Sie auf der Landstraße entdeckt und auf ...»

Die Kleine hielt mir die Stange. Sie baute mich auf, wie man sagt. Récumels Arschgesicht war zum Heulen. Zwangsläufig hatte ich schon früher Offiziersfressen gesehen, da hätte sogar eine Ratte, die überall rumschnüffelt, dreimal nachgedacht, bevor sie da reinbeißt. Aber Kommandeur Récumel übertraf meine Erfahrungen an Widerwärtigkeit deutlich. Erst mal hatte er keine Wangen. Nur lauter Löcher wie ein Toter, darauf nur ein bisschen gelbliche, behaarte Haut gespannt, durchscheinend. Unter dieser Leere mit Sicherheit nichts als Bösartigkeit. Tief in den Höhlen liegende Augen, so stechend, dass alles andere nicht mehr zählte. Begehrliche Augen, ein bisschen wie eine Andalusierin. Und auch keine Haare, stattdessen ein weißer Schimmer. Als ich mir den so ansah, dachte ich mir, noch bevor er den Mund aufmachte, Ferdinand, dass du bloß nicht zu weit gehst. Es gibt in der ganzen französischen Armee keinen schlimmeren Heimtücker, keinen größeren, das ist ein Spezialist, wenn der Typ da Mittel und Wege findet, stellen sie dich in der nächsten Morgendämmerung an die Wand.

Die musste man sich dann mal anhören, die Fragen, die er stellte. Das war alles aufgeschrieben, aber mir war gleich klar, und das gab mir wieder etwas Hoffnung, dass er nicht die geringste Ahnung von dem hatte, was er da erzählte. Alles frei erfunden. Wäre ich belesener gewesen, ich hätte ihn vom ersten Moment an in die Zange genommen. Er sabberte. Ich spürte gleich, dass er völlig gaga war, aber ich war nicht belesen genug, ihn in die Klapse zu bringen. Sämtliche Kumpel hätten sich amüsiert. Er begriff absolut nicht, was mit Le Drellière und dem Konvoi passiert war. Er wollte so dreinschauen, als verstünde er. Der reinste Clown. So was kann man sich nicht vorstellen, nicht mal mit einem bösartigen Herzen. So was spürt man, Klappe zu. Also nichts zu erklären. Ich ließ die Kleine reden, L'Espinasse, auch sie verstand sich darauf, wie mein Vater, mit vielen Worten nichts zu sagen. Er wagte sie nicht zu unterbrechen. Ganz entschieden hatte sie überall Autorität, sie war eine Mächtige, die Zähne hätte ich ihr geküsst. Trotzdem, dieser Totenvogel wollte mir an den Kragen. Er ließ nicht locker. Wollte das bisschen, das von mir noch übrig war. Er ruckelte auf dem Metallstühlchen hin und her, seine Hinterbacken spielten Kastagnetten, so eifrig war er. Aber er lag so was von daneben mit seinen Unterstellungen, es war komisch, fast schon schmerzhaft. Fast hätte ich ihn wieder in die Spur gebracht, ihm geholfen. Sein Ungeschick genierte mich. Er hatte vom Bewegungskrieg nicht die geringste Ahnung, von der unabhängig operierenden Kavallerie[8]. Gern hätte man ihn hingeschickt, wo er sich ein bisschen hätte vermöbeln lassen, erst mal zu den Dragonern. Von da zurück, würde er vielleicht etwas besser Bescheid wissen, hätte sich etwas Kultur und Verfeinerung angeeignet. Den richtigen Ton zu treffen, darauf kommt es im Leben vor allem an, sogar für den Mörder.

«Wie ich sehe, Brigadier, haben Sie nicht viele von den Befehlen bei sich behalten, die Ihnen übermittelt wurden, nicht mal eine einzige Kuriernachricht, die Sie ja sicher erhalten haben. Ich zähle hier zwölf Depeschen» – er hielt sie hoch – «seit Ihrem Aufbruch im Bahnhof von ... bis zu dem Augenblick, wo die Ereignisse so überstürzt, so unerklärbar werden, mit anderen Worten vier Tage später, als Ihr Konvoi von den feindlichen Geschossen vollkommen aufgerieben und dazu gezwungen wird, sich vor dem Bauernhof einzurichten, exakt siebenhundert Meter vom Fluss entfernt ... Nach dem letzten Schwenk und zahlreichen Richtungsänderungen, die von Ihrem Kommandanten befohlen wurden, ein vollkommen unerklärliches und tatsächlich Bestürzung erregendes Befehlswirrwarr, da Sie sich zu der Zeit zweiundvierzig Kilometer nördlich der Hauptstraße befanden. Würden Sie noch eine Anstrengung unternehmen, da Sie nunmehr der letzte Überlebende dieses grotesken Dramas sind ... Das heißt der einzige Überlebende, der bei Sinnen ist, denn der Kavallerist Krumenoy von der 2. Schwadron, der in der Nähe des Krankenhauses von Montluc aufgefunden wurde, hat seit bald zwei Monaten die Sprache nicht wiedererlangt.»

Ich beschloss, nicht mehr Sprache zu gebrauchen als dieser Krumenoy. Ich schwieg einfach. Wir hatten nichts gemein. Allein, dass er ein bisschen elegant daherredete wie mein Vater. Das genügte schon. Bébert lachte sich insgeheim schief in seiner Flohgruft. Da drehte der Inquisitor sich um und bedachte ihn mit einem finsteren Blick, der ihm dann tatsächlich kein Glück brachte. Ich werde davon berichten ... Ich fragte mich wieder, ganz leise, was er mir am Ende anhängen wollte? Feigheit vor dem Feind? Aufgeben der Stellung?[9] Irgend so was Nettes ...

«Gut», sagte er endlich, «ich werde berichten», und er stand auf.

Diesen Fritzen habe ich nie wiedergesehen, aber gedacht hab ich oft an ihn. Der hatte schon einen seltsamen Beruf. Die kleine, die L'Espinasse, die war mein Glücksfall. Hast du ein Schwein, sagten alle, aber eigentlich waren die Typen in den Poofen ringsum nur eifersüchtig, so fies und verjammert und blutig, wie sie waren. Ferdinand, hab ich mir gesagt, wenn dieser Berichterstatter dich hochnehmen will, musst du verschwinden. Verschaff dir ein Alibi, dein Glück erregt Eifersucht ...

Ich sah doch genau, der eine Brigadier, der einäugige Kameltreiber, der ließ jede Vorsicht fahren, so gern hätte er die Schnuspel verknuspert.

Noch zwei Wochen vergehen. Ich höre nur auf einem Ohr, in dem anderen war ein Schmiedehammer zugange, aber macht nichts, ich wollte raus. Bébert wollte auch raus, um zu sehen, was so lief. Wir beide auf einmal bitten Mademoiselle L'Espinasse um Erlaubnis! Gerade diese Nacht war sie noch an mein Bett gekommen, im Schein des Nachtlichts, die L'Espinasse, ans Kopfende. Sie hauchte mir in die Nase. Hier ging es um Tod oder Leben, das war mir klar. Ich nahm meinen Mut zusammen. Jetzt oder nie. Ich mach mich über ihren Mund her, beide Lippen, lutsche an ihren Zähnen, zwischen den Zähnen, das Zahnfleisch, mit der Zungenspitze. Das kitzelte sie. Sie war zufrieden.

«Ferdinand», murmelte sie, «Ferdinand, haben Sie mich denn ein bisschen lieb ...?»

Wir durften nicht laut reden, die anderen taten nur so, als würden sie schlafen. Sie wichsten insgeheim. *Bummm bummm*, draußen tönte ununterbrochen quer durch die Nacht eine Kanone, zwanzig Kilometer, vielleicht noch mehr. Jetzt küsste ich ihr die Arme, zur Abwechslung. Steckte ihr zwei Finger in den Mund, drückte ihre andere Hand auf meinen Schniedel. Die Schlampe sollte mich lieb gewinnen. Wieder lutsche ich ihr den ganzen Mund. Ich hätte ihr die Zunge ins Arschloch gesteckt, hätte egal was gemacht, ihr Monatsblut geschlürft, damit der Knilch vom Kriegsrat gefickt war. Aber die Süße war nicht dumm.

«Sie hatten Angst vorhin, oder, Ferdinand? vor dem Kommandeur ... Ihre Erklärungen klangen nicht sehr logisch ...»

Ich muckste mich nicht. Verstand sie nicht so ganz ... Stotterte bisschen rum, der Form halber. Es gefiel ihr, dass ich Angst hatte. Sie kam fast, die Sau. Sie schubberte sich an meinem Bett. Sie hatte einen mächtigen flämischen Hintern. Als würde sie mich da ganz und gar reinkriechen lassen, so kam es ihr, auf Knien. Ein Gebet.

«Morgen früh gehen Sie zur ersten Messe, Ferdinand, Sie danken Gott im Gebet für den Schutz, den er Ihnen angedeihen lässt, und für die Besserung Ihres Zustands. Gute Nacht.»

Fertig, sie war gekommen, sie war weg. Die anderen Hinkebeine sperrten das Maul auf. Das Gefühl bei dem Ganzen war wie bei einem Kugelspiel. Zwölf Kugeln. Zwei Kugeln. Null Kugeln ... Volltreffer ...

Am nächsten Morgen spähte ich gründlich. Nichts kam vom Kriegsrat. Unauffällig fragte ich die Bettlägerigen nach ihren Erfahrungen im Felde aus.

«Hast du schon mal gesehen, wie einer füsiliert wurde?», fragte ich den Artilleristen, den mit einem Granatsplitter in der Lunge, noch ein Splitter hatte ihm haarscharf die Zungenspitze abgetrennt.

«Ja eing im Ager Chichonne, chi haben cho chlech gechiel, chie haben grei Verchuche gebrauch ... Ga ich luchkich.»

Besser konnte er nicht.

«Er Ajugang», fügte er hinzu, «hag ihm chum Gück ngoch grei in gen Kopf verpaff.»

Na danke, jetzt konnte ich mir das lebhaft vorstellen. Ich fragte mich, ob sie mich erst nach Romanche bringen würden, um mich an die Wand zu stellen, oder mich gleich hier in Peurdu erledigten. Gibt ja nichts, was es nicht gibt.

Zwangsläufig verbrachte ich die Nacht zwischen meinem Gebrumm, dem Fieber und dieser Aussicht. Um ein Haar hätte ich die Kleine selbst aufgesucht, die L'Espinasse ... aber Scheiße, ich hatte gesagt, ich würde nicht verlieren, ich wollte nicht verlieren. Noch zwei Tage, noch drei Nächte. Immer noch nichts vom Kriegsrat. Meiner Meinung nach war die Regimentskasse noch gar nicht Thema, die auch schwer was abgekriegt hatte und bei dem Abenteuer verschüttgegangen war, und dabei hätte das noch der schlimmste Punkt sein können, um mich in die Enge zu treiben, so ein Haufen alter Stinktiere, die ich erst im letzten Moment kennenlernen würde. Sogar in meinem abendlichen Fieber würde ich mir noch was einfallen lassen, um ihnen ordentlich dämlich zu antworten. Immer noch nichts. Dabei passte ich schon beim Aufstehen morgens gut auf, der durch und durch graue Tagesanbruch des Nordens in den sauberen Fenstern über flämischen Dächern, spitz waren sie, vom Regen glänzend. Ich habe all das gesehen, ich habe das Leben zurückkehren gesehen.

Hier der Finsterling und Méconille, der schon fürchtete, er könnte mich verlieren, bevor er die Kugel lokalisierte, da der Beichtvater, der mich zweimal täglich für die Ewigkeit wappnete, dazu das grässliche Gedonner, unter dem mein Schädel zitterte, kurz, es war ein herrliches Leben, ein Folterleben, eine Qual, die mich um den Schlaf bringen konnte oder beinah. Niemals, so viel stand fest, würde ich mehr das Leben der anderen führen, das Leben all dieser Arschlöcher, die glauben, Schlaf und Stille wären ein für alle Mal garantiert. Wieder sah ich, wie die diensthabende Schwester um sechs Uhr die Tür öffnete, drei-, viermal, und dann kam eines Morgens ohne jede Vorankündigung mit dem Zug ein Araber, dem eine Granate das Bein gründlich zerschmettert hatte, direkt oberhalb des Knies.

«Pass jetzt auf mit deiner Kleinen», warnte mich Bébert, «du kannst dich freuen.»

Und tatsächlich, ab der Minute, wo dieser Kameltreiber im Saint-Gonzef-Saal eingetroffen war, hatte sie kaum mehr einen Blick für mich übrig. Musste man gesehen haben, wie sie sein Bett umschlich, als hätte sie einen größeren Braten gewittert. Umgehend hat sie den Kaffer katheterisiert, mit dem größten Katheter, den ich so gut kannte. Er ächzte hinter dem Wandschirm. Die machen sich mit uns ihren Spaß. Gleich am nächsten Morgen operierte der Arzt ihn, saubere Amputation im Oberschenkel. Und sie wich nicht mehr von seiner Seite. Ich katheterisiere dich. Ich war, könnte man sagen, ordentlich eifersüchtig. Bébert lachte sich schief. Ich katheterisiere dich noch mal. Dem Kameltreiber erging es richtig übel. Er wurde mit noch einem Wandschirm umstellt. Und da erzählte Bébert mir noch bisschen mehr. Ich wollte es nicht glauben, aber ich war abgemeldet. Ich denke, Bébert fantasiert. Ich musste einfach aufstehen, um selbst nachzusehen. Méconille bemerkte nichts. Also von Bébert und mir. Die anderen hatten sowieso keinen Schimmer. Der Araber hinter seinem Wandschirm trödelte nicht, zwei Tage später ging es ihm so dreckig, dass er ins Lazarett runtermusste.

Bestimmt war er im Lauf des letzten Tages gut zehnmal gewichst worden, und stramm katheterisiert dazu, kein Spaß, von der Chefin hinterm Wandschirm. Kurz, jetzt war er tot, man konnte ihn runterbringen. Ich hätte einen Skandal vom Zaun brechen können mit dem, was ich wusste, aber das hätte sich in meiner Akte nicht so gut gemacht. Weil ich jetzt aufstehen und bis ganz hinten im Schlafsaal gehen konnte, habe ich mich getraut. Hab der Kleinen, der L'Espinasse, direkt in die Augen geschaut.

«Könnte ich nicht vielleicht heute nach dem Mittagessen in die Stadt gehen?», fragte ich.

«Aber Ferdinand, wo denken Sie hin, Sie können sich kaum auf den Beinen halten.»

«Das macht nichts», sagte ich. «Bébert stützt mich, falls ich mal schwanke.»

Das war ziemlich dreist von mir. Vor allem, weil ich wegen der Sache mit dem Kriegsrat eigentlich gar nicht rausdurfte. Sie konnten ja jederzeit kommen, um mich einzukassieren.

In dieser Krankenstation Ausgang zu kriegen, war die große Ausnahme, ein Zugeständnis. Schön bescheiden bleiben.

Ich sagte, was ich zu sagen hatte ...

«Ich möchte für so fünf Stunden raus.»

Sie musterte mich, die Kleine, zog kurz die Lippen von ihren Zähnen weg. Ich denke, gleich beißt sie. Aber durchaus nicht.

«Gut, Ferdinand, Sie können gehen, aber nehmen Sie Bébert mit, und bleiben Sie der Hauptstraße fern, sonst begegnen Sie ganz sicher der Ortswache, dann werde ich mit Sicherheit gerügt, und Sie wandern direkt ins Gefängnis, ich warne Sie.»

Ich bedanke mich nicht mal.

«Bébert, um zwei hauen wir in den Sack, aber die anderen dürfen nicht mitkriegen, dass wir spazieren gehen. Wir erzählen einfach, wir gehen zu einem Spezialisten, und ich muss mich bei dir unterhaken.»

«Wird gemacht!», sagte er, und wir unterhielten uns extra laut über den speziellen Spezialisten, der angereist sei und den wir jetzt am anderen Ende des Standorts aufsuchen würden.

Verwundete sind ja doch hinterhältig. Vorerst glaubten sie den Quatsch noch. Nun gut. Schlag zwei Uhr treten wir auf die Straße. Ein enges Gässchen war das. Aber der frische Wind tut doch gut.

«Der Winter ist endlich vorbei, Bébert», sage ich zu ihm. «Das weckt Hoffnungen! Sobald der Frühling kommt, geht es in meinem Kürbis noch mal so laut zu wie bisher! Ich geb dir dann Bescheid.»

Bébert traute dem Braten ebenfalls noch überhaupt nicht. Auf keinen Fall der Obrigkeit in die Arme laufen! Geräuschlos schlüpfte er in seinen Füßlingen von Tür zu Tür, wo er sich jedes Mal kurz unterstellte. Wir betrachteten die Gärten, die Bäume, die über die niedrigen Ziegelmauern ragten. Am Himmel aufgedunsene Kanonenschüsse und außerdem Wolken, ebenso aufgedunsen, ganz ruhig und ganz blass. Die Infanteristen, denen wir begegneten, trugen andere Uniformen als die Unsrigen, einfarbig und weniger zeremoniös. Die Mode hatte sich schon wieder geändert, seit wir beim Virginal Secours untergekommen waren. Die Zeit vergeht schnell. Die frische Luft machte mich etwas schwindelig, aber mit Bébert als Stütze kam ich gut voran. So auf dem Pflaster unterwegs, kam mich eine Heidenlust zu wandern an. Ich war nicht gestorben. Es erinnerte mich an die Zeiten, wo ich auf dem Boulevard auf und ab unterwegs gewesen war, um die Ziselierarbeiten loszuschlagen, und wie schlimm das geendet hatte.[10] Nur nicht zu viele Erinnerungen wachrufen, das würde mir nur den Tag verderben. Unglaublich, wie wenige ich hatte, die ein bisschen fröhlich waren.

Peurdu-sur-la-Lys präsentierte sich auf niederschmetternde Weise. Jedenfalls für uns. Der zentrale Platz, von hübschen, schön geschmückten Häuschen aus Stein umgeben, das reinste Museum. Ein Markt mit Karotten, Rübchen, Pökelfleisch mitten darauf. Das stimmt heiter. Und dann Lastwagen, die alles zum Erzittern brachten, Häuser, Märkte, Fräuleins und die Infanteristen sämtlicher Armeen hinter den Kanonen, die Hände in den Taschen, unter den Bogengängen, die in kleinen Gruppen an den Ecken quatschten, in Gelb und Grün, Sidis, Inder sogar und zu Hunderten, dazu ein ganzer Fuhrpark ...[11] All das kreiste wandelnd wie in einem Zirkus. Dies war das Herz der Stadt, von hier ging alles aus, Karotten, Geschosse und Menschen, in alle Richtungen.

Andere hingegen kamen zurück, sie wirkten niedergeschmettert und zogen widerwillig in einer dreckstarrenden Reihe durch die bunten Dragoner auf dem Platz. Bébert und ich fanden das ein erbauliches Schauspiel. Danach suchten wir Unterschlupf in einer kleinen Eckkneipe, schauten raus, machten uns allmählich ein Bild.

Bébert war kein schöner Anblick. Schon auf den ersten Blick nicht vertrauenerweckend, dabei war das ein grundehrlicher Junge.

Erstens schon mal, weil er bezahlte. Er hatte Geld.

«Meine Frau kommt gut durch», verkündete er, «die schafft wirklich gut an, da will ich nicht riskieren ...»

Ich verstand das schon. So blöde bin ich nicht.

Also, kurz gesagt, über diesen Platz kam irgendwie jeder, der in der Stadt war.

«Wenn wir lange genug hier sitzen bleiben», sage ich zu Bébert, «sehen wir mit Sicherheit auch noch Kommandeur Récumel ...»

«Mach dir über den keine Gedanken, schau dir lieber mal die Kellnerin an ...»

Tatsächlich, die hatte ganz schön Oberweite ... Aber da waren schon zwei Fußsoldaten von den Kolonialtruppen, die hielten ihre Möpse, jeder einen.

«Die ist bereits in guten Händen», antworte ich.

«Du wirst schon sehen, meine Angèle, die ist doppelt so hübsch und alles. Die hier ist doch der reinste Scheißhauskehricht», verkündete er so laut, dass sie es hörte. «Von der will ich mir nicht mal vorstellen, wie sie mir den Stängel wienert.»

Und er rotzte einen fetten Batzen direkt auf die Schuhe der Serviererin. Da wendet sie dann ihre Blicke ihm zu, sie zielt mit ihnen auf Bébert, der sie immer noch angewidert mustert. Und gleich setzte sie ein echtes Lächeln auf, ließ die beiden Sergeanten sitzen und kam mit allerlei entzückten und bezauberten Gebärden auf ihn zu.

«Eh, pass auf, Trampel, bleib bloß von meinem Fuß weg. Zwei kleine Rote, dann verschwinde. Den Dreck da lass ich vielleicht als Zweitpferdchen für mich laufen, aber erst mal muss ich Angèle sehen ...»

Und dann setzte er sich mürrisch hinter die große Fensterscheibe, von wo aus man den Platz überschaute, und sah sie gar nicht mehr an, die Kellnerin, als gäbe es sie nicht. Dabei schien sie geradezu alles daranzusetzen, dass er weiterspuckte. Interessierte ihn nicht mehr. Er dachte nach.

Ich ließ ihn denken, sann auch ein wenig nach. Versuchte, mich zu sammeln.

«Schau mal», sagte er nach einer ganzen Weile, «hier sind lauter Engländer! ... Das werd ich Angèle schreiben ... Jetzt, wo ich rausdarf, werde ich mich schon durchschlagen ... Wenn meine Quante noch zwei, drei Monate lang weitereitert, kannst du dich amüsieren, Ferdinand, mit Angèle. Dann kannst du deinen Alten sogar noch was überweisen ... Die Kellnerin hier geb ich dann an dich weiter, bis dahin hab ich sie dressiert ... Besser gehts nicht ... Ich werd schon ein anderes Zweitpferdchen finden ... An so Trullas wie die L'Espinasse mag ich nicht glauben ... Die ist nicht ganz sauber. Ich weiß, das ist grausam, aber eines Tages wendet sich so was gegen dich, die hast du nie ganz im Griff, aber mit Angèle, da weiß ich, was Sache ist. Du wirst sehen, die bringt was ein ... Der reinste Jagdhund ... Und du hast Jagden gesehen ...»

Stimmt, hatte ich, ich redete lieber nicht darüber. Kurz und gut, wir haben uns schön abgelenkt. Der Rote stieg ihm zu Kopfe, dem Bébert. Er spann ein bisschen, gab an.

Das war seine Schwäche. Er trank noch einen, dann einen dritten. Die Serviererin wollte nicht, dass er die zweite und dritte Runde bezahlt. Ging alles auf sie.

«Tritt mir bloß nicht auf den Fuß, du fettes Stück», das war seine dankende Antwort.

Er kniff sie nur in den Hintern, aber so richtig, und überall unterm Rock, dass sie Grimassen zog. So lange, bis sie ganz blass wurde. Wir standen auf, wir gingen.

«Dreh dich nicht um», meinte Bébert zu mir.

Allmählich ging es mir ganz gut. Es waren Zivilisten in dem Café, außerdem Militärangehörige, wahrscheinlich Bullen in Zivil, ebenfalls viele. Händler aller Art, Bauern, belgische Grenadiere und britische Matrosen. Ein dickes Pianola hämmerte die Musik mit seinem Schellen-Maschinengewehr. Dazu die Himmelskanone, das war lustig. Bei der Gelegenheit habe ich *Tipperary* zum ersten Mal gehört.[12] Mittlerweile war es fast dunkel. Wir mussten uns dicht an den Häusern vorbeidrücken auf dem Nachhauseweg. Nicht gerade schnell, das konnten wir beide nicht.

«Wenn ich nur noch zwei, drei Monate eitere, weißt du, Ferdinand», fuhr Bébert fort, «vielleicht nur zwei, dann mach ich mit der Angèle, hörst du, mit ihr allein, ein Vermögen ...»

Das war mal ein Wort. Wir durften uns nur nicht sehen lassen. An sich durfte schon niemand mehr auf der Straße sein. Während wir uns versteckten, kam ein Trupp Bullen vorbei und dann eine ganze Schwadron Gendarmen und dann welche von der englischen Polizei mit Schlagstock und Armbinden. Zum Glück hat uns dann eine Abteilung von der Pioniertruppe gerettet, ich glaube, ohne die wären wir geliefert gewesen. Pontoniere waren das, mit ihren umgedrehten Booten auf Fahrgestellen. Jede Menge Plunder, lauter Ketten, Rumpelkästen und Fässer. Wir brauchten uns nur unter ihr ganzes Zubehör zu mischen, das waren bloß zwei Instrumente zusätzlich. So humpeln wir beide in dem Schwarm mit, der sich zum Glück in Richtung unserer Straße bewegt. Kurz davor an der Ecke lösen wir uns. Dreimal geschlenkert, und schon berühren wir den Rahmen der kleinen Tür zum Virginal Secours, der zum Lazarett unten. Da wollte ich gar nicht gern durch.

«Macht doch nichts», meint Bébert, «kommen wir eben nicht zusammen an, ich gehe durch den Garten, mit dem Fuß komme ich die Treppe nicht runter. Du geh untendurch.»

Ich mache also das Türchen auf. Ganz ohne Geräusch. Schiebe sehr vorsichtig. Es quietscht trotzdem bisschen. Ich starre kurz in die tiefe Dunkelheit. Da war weiter hinten noch eine Tür, ein Lichtstreifen darunter. Ich näher hin. Passe wieder auf, dass ich nicht zu hören bin. Wegen meinen Kopfgeräuschen weiß ich nie, wie laut ich beim Gehen bin, wie leise. Trotzdem nähere ich mich. Das war doch ein Nagel, der ächzend in ein Brett getrieben wird, und dann noch Holz, das ein bisschen kracht, weil man ihm zusetzt ... Ich sage mir, da drin, da nageln sie einen Sarg zu. Bestimmt versorgen sie den Sidi. Morgen sollte die Beerdigung sein. Die säumten nicht. Wahrscheinlich hatten sie es auch wegen dem Wundbrand eilig, den Sidi zu verlochen, der roch trotz des Karbols schon heftig. Auf den Bahren im Lazarett warteten noch andere, die nach ihm dran waren, sie rochen weniger. Da höre ich von da, wo ich bin, jemanden etwas murmeln, das war nicht die Stimme vom dicken Émilien, dem Tischler, der im Hause wohlbekannt war und, kein Wunder, immer ein bisschen geladen hatte, seine Stimme klang auch danach. Und jetzt ein Gebet, auf Latein. Sollte da eine Nonne gekommen sein, um gleichzeitig einen Rosenkranz zu beten?

Ich wundere mich. Ich harre noch einen Moment aus. Wenn ich nicht gucke, werde ich nichts sehen. Über die Trennwand hinweg, man brauchte sich nur zu recken, dann schaute man in den kleinen Raum rüber. Ich hab erst mal einen Schemel gesucht und mich dann auf leere Dosen gestellt. Eigentlich hätte man mich hören müssen ... Ich schaue. Ich hörte auch das Echo der Kanonenschüsse gegen die Glasfenster donnern, es echote im ganzen Untergeschoss. Ich schaue noch mal. Jetzt ruhig Blut. Merkwürdig, ich hab mich nicht getraut, es zu sagen, aber geahnt hatte ich es schon ein bisschen. Das war die Stimme von der L'Espinasse, und was sie sagte, hatte ich für Latein gehalten. Und sie machte sich zu schaffen. Als wäre ihr ganzes Leben in der Kiste, so ackerte sie daran, sie zu öffnen. Mit dem Meißel ging sie auf das Scharnier los, das war es gewesen, was da so knirschte. Weil Émilien den Sarg schon dichtgemacht hatte.

Mit beiden Händen packte sie zu, und sie verletzte sich. Im Kerzenlicht sah ich ihren Kopf genau, vor allem, weil sie sich mit ihrem Schleier so über den Deckel neigte. Der Gestank machte ihr nichts aus. Mir schon. Ich versuche gar nicht erst, genau zu begreifen, aber ich fühle mich ihr auf einmal ganz nah, wirklich. Das nutze ich. Ich klopfe ein bisschen an die Zwischenwand. Sie hebt den Kopf, sie entdeckt mich mitten in ihrem Kerzenlicht, keine zwei Meter von ihr entfernt.

Und da kriege ich es mit der Angst. Ich weiche etwas zurück. Ihr Gesicht keine Grimasse, es war etwas anderes, wie eine große blasse und zugespeichelte Wunde, zitternd.

«Lutsch ihn aus mit deiner Fresse», sage ich, «lutsch ihn aus, du aasiges Stück!»

So beschimpfte ich sie, denn ich wusste nicht mehr, was sagen. Und weil es von tief innen kam, und weil es nicht mehr der Augenblick für viel Sinn war. Ich stolpere von meinen Dosen runter. Schiebe die Tür zu dem Verschlag auf.

«Lutsch ihn aus, lutsch ihn aus!»

Es war idiotisch, das zu sagen, aber was anderes konnte ich nicht. Und da springt sie mich an und küsst mich mit ihrer ganzen Visage und lutscht mich, als wäre ich auch krepiert, und packte mich mit beiden Armen und zappelte außerdem. Und dann ganz auf einmal wurde sie schwer und ließ alles los und rutschte zu Boden, ich hielt sie fest.

Schien fast ohnmächtig zu werden.

«Aline», sag ich da, «Aline!»

Das war ihr Vorname, ich hatte ihn im Saal gehört. Im Dunkeln kam sie allmählich wieder zu sich.

«Ich geh jetzt hoch», sag ich.

«Und, Ferdinand, wir sehen uns morgen, bis morgen. Es geht mir schon besser. Sie sind sehr lieb, Ferdinand, ich mag Sie wirklich ...»

Sie ging auf die Straße hinaus. Sie wirkte fast wie sonst immer. Aber oben machte Bébert sich schon Sorgen.

«Ich hab gedacht, du hast dich von der Concierge tatzen lassen», sagt er zu mir.

Er hatte seine Ahnungen. Aber ich würde es nicht erzählen, weder ihm noch sonst wem. Die Leute müssen sehr gefestigt sein, damit das nicht auf mich zurückschlägt, und außerdem konnte mir das womöglich noch nützen, und dann hat es mir ja auch genützt.

3

Ich glaubte nicht besonders an neue Tage. Jeden Morgen war ich fertiger als tags davor, nachdem mich nachts das Ohrgedonner dreiundzwanzig Mal geweckt hatte. Eine namenlose Erschöpfung ist das, die von der Angst kommt. Man weiß genau, man müsste schlafen, um wieder ein Mensch zu werden wie die anderen. Sogar zum Selbstmord ist man zu müde. Alles ist Müdigkeit. Cascade[13], der war jeden Morgen zufrieden, beim Verbandswechsel, sein Fuß besserte sich nicht. Bald würde er die beiden nächsten Zehenglieder verlieren, immer noch Gangrän. Er hätte nicht herumgehen dürfen, nicht mal in Strümpfen, aber die Sache brachte ihm auch die spezielle Aufmerksamkeit von Mademoiselle L'Espinasse ein ... So ganz genau redete er nie darüber. Auch er war am Ende misstrauisch.

«So, wie heißt du denn jetzt eigentlich, du mit deinem hübschen Hintern?», fragte er die Kellnerin beim zweiten Mal, dass wir wieder da waren.

«Amandine Destinée Vandercotte.»

«Na, das ist aber mal ein schöner Name», bemerkte Cascade, als fände er ihn wirklich entzückend. «Bedienst du hier schon lange?»

«Zwei Jahre jetzt.»

«Dann kennst du inzwischen die ganze Stadt? Die Leute! Die L'Espinasse, kennst du die auch? Sag mal, lutschst du auch Frauen?»

«Ja», sagte sie, «und Sie?»

«Das sage ich dir, nachdem ich dir den Arsch aufgerissen habe, du Trampel, vorher nicht! Nicht zu glauben, wie naseweis die jungen Leute sind! Fragen stellen die!»

Er machte auf verstimmt, gekränkt. Übertrieb es, um mich zu beeindrucken. Mit dieser Amandine Destinée brauchte er sich nicht viel Mühe zu machen, stimmt schon. Sie hatte noch nie wen so Großartigen gesehen.

Wir gingen jetzt jeden Tag frühnachmittags hin, nach der Suppe, in das Café de l'Hyperbole[14] an der Place Majeure. Wir hatten unseren eigenen Tisch in der Ecke. Von dem aus wir alles sahen. Ohne gesehen zu werden. Unsere Ausgänge aus dem Virginal Secours sorgten für Eifersucht. Die L'Espinasse nahm uns das Versprechen ab, den anderen Verreckern in den Nachbarbetten zu erzählen, wir würden jeden Tag zu einer elektrischen Behandlung gehen.

«In Ordnung!», sagte ich zu der kleinen L'Espinasse.

Allmählich verstand ich mich auszudrücken wie Bébert. Trotzdem wahrte ich mein Geheimnis. Sogar Bébert misstraute ich. Seltsam, wie er im Leben arbeitete. Geräuschlos. Am liebsten redete er hinter vorgehaltener Hand, außer um Destinée Amandine anzuschnauzen, die entzückt gluckste, weil er sie mit derart wilden Namen belegte, die sie noch nie gehört hatte, und hinterrücks kniff er ihr zwischen zwei Gängen zum Tresen eisenhart in den Hintern. Ein harter Hund, dieser Bébert. Mindestens acht Tage lang verschanzten wir uns hinter dem großen Fenster im L'Hyperbole. Bébert spähte den ganzen Platz aus, die Truppenbewegungen, die Leute, die Offiziere. Er studierte die Uniformen sämtlicher Armeen. Amandine Destinée half ihm.

«Da hinten in der Ecke in dieser Art Festung, das ist der englische Generalstab. Die mit den roten Bändern an den Mützen sind am reichsten.»

Das wusste sie von den Trinkgeldern.

Ich hörte Cascade seit dem Morgengrauen zu. Er erzählte mir einiges über Angèle, dass ihr das rotbraune Haar bis zu den Hüften reichte. Wenn man sie richtig bohnerte, konnte sie zwölfmal hintereinander kommen. Schön war das.

«Du wirst schon sehen!»

Bébert war nicht eingebildet. Diese Dinge waren für ihn einfach unverrückbar. Ich versuchte, der Sache wieder näherzukommen. Das musste sein. Das Leben ist noch grässlicher, wenn man keinen mehr hochkriegt. Ungerecht.

«Erzähl mir noch was von Angèle», bat ich ihn, leise, um niemanden zu wecken.

Er erzählte mir, wie er sie zum ersten Mal gefickt hatte, von hinten, erst tat ihr das weh, sie blökte eine Stunde lang.

Der Knabe links, von dem dachte ich jeden Morgen, jetzt sei er hin, so bleich war er in der Frühe. Aber dann regte er sich so langsam wieder und jammerte weiter, und sein Tod trat erst im zweiten Monat ein ...

Ich versuchte, der L'Espinasse nachzustellen, um herauszufinden, wen sie derzeit wichste, aber jetzt waren so viele Verwundete da, ganze Wagenladungen mehrmals pro Tag, ich fand nicht mehr durch. Peurdu-sur-la-Lys war eine ganz schön heftige Ecke. Es hieß, zwischen der Place Majeure und dem zweiten Wall gebe es mindestens vier Generalstäbe und zwölf Krankenhäuser, drei Lazarette, zwei Kriegsräte und zwanzig Nachschubeinheiten der Artillerie. In dem großen Priesterseminar hatte man die Reservisten aus elf umliegenden Dörfern untergebracht. Mademoiselle L'Espinasse kümmerte sich auch ein wenig darum, diesen armen Gesellen was Gutes zu tun, wie sie es ausdrückte.

Hinter dem großen Seminargebäude fanden in einer kleinen Umfriedung im Morgengrauen die Erschießungen statt. Eine Salve, eine Viertelstunde später die nächste. Ungefähr zweimal pro Woche. Vom Saint-Gonzef-Saal aus hatte ich die Abstände nach und nach mitbekommen. Fast immer mittwochs und freitags. Donnerstag war Markttag, das waren andere Geräusche. Cascade wusste es auch. Er redete nicht gern darüber. Nur dass er gern mal hinwollte, das dachte ich mir schon. Wenigstens den Ort sehen. Ich auch. Aber wir wollten jeder für sich hingehen. Wir waren immer zusammen unterwegs. Auf eine drollige Weise haben wir uns dann gegenseitig überrascht. Es musste was vom Bahnhof abgeholt werden. Medikamente. Ich hätte nicht gehen können, von wegen zu weit und zu schwer zu tragen, außerdem musste man mich unterwegs häufig stützen, dass ich nicht stürzte. Da geht Cascade also allein los. Aber ich hatte ein Auge auf sein Gesicht, das war anders als sonst. Er hatte sich was überlegt.

«Ich gehe nicht», sage ich zu ihm.

Aber während er sich umdrehte, um sich die Schuhe anzuziehen, stibitze ich ihm den kleinen Geldschein für die

Abholung aus seinem Umhang auf dem Stuhl. Er geht los. Ich warte fünf Minuten, dann alarmiere ich den Diensthabenden.

«Hier, er hat den Lappen dagelassen. Das Päckchen kriegt er nie.»

Und ich also los, angeblich ihm nach.

So, denke ich auf der Straße, die Gelegenheit, um mal nachzuschauen, wie es hinterm Seminar so aussieht ...

Ich passe auf, dass ich keinem Idioten begegne. Ich gelange an den Ort genau an der Stelle, wo eine Art Durchgang in die Straße mündet. Am Ende das eiserne Tor der Umfriedung, mit Schmiedearbeiten. Ich gehe hin. Bücke mich, um durch das Loch hindurchzuschauen. Man sieht was. Eine Art Garten mit Rasen und ganz hinten die Wand, mindestens noch hundert Meter, eine Mauer aus Feldsteinen, nicht besonders hoch. Wo sie wohl angebunden werden? Kann man sich kaum vorstellen. Obwohl, so ungefähr. Ich hätte gern Einschüsse gesehen. Es ist ganz still. Nebendran herrscht Frühling, mit Vögeln. Sie pfeifen wie Kugeln, diese Vögel. Wahrscheinlich wird jedes Mal ein neuer Pfosten eingerammt. Jetzt muss ich aber zum Bahnhof. Ich gehe los. Und gar nicht weit, da begegnete ich Cascade. Er war wohl schön langsam zum Bahnhof gegangen. Wir sagten nichts zueinander. Sein Gesicht war ganz verwüstet. Jeder ist so tapfer, wie er kann. Ich gab ihm den Geldschein.

«Hol jetzt denen ihre Kiste», sagte ich.

«Komm mit», meinte er.

Diesmal habe ich fast ihn stützen müssen bis zu der Ausgabestelle. Später wurde mir klar, dass er bei meinem

Anblick ganz einfach eine Vorahnung hatte. Auf dem Rückweg schauten wir im L'Hyperbole vorbei. Er redete nicht, kein Wort zu Destinée Amandine, nichts. Sie weinte deswegen. Wir haben wohl einen Liter Curaçao getrunken. In dieser Nacht hat Cascade nicht geschlafen, da bin ich sicher. Am nächsten Morgen stand ihm eine merkwürdige Art Erkenntnis im Gesicht. Man denke ja nicht, Bébert wäre unsensibel. Beweis: Er konnte schweigen, stundenlang, vor sich hindenken, einfach so. Er sah eigentlich ziemlich gut aus, soweit ich das bei Männern beurteilen kann, feine, gleichmäßige Züge und ziemlich große Idealistenaugen. Aber beim Warten auf bessere Zeiten sprang er mit den Weibern ziemlich grob um, nur wussten sie, er lag richtig, er befand sich im Recht und in der Wahrheit. Mich hielt er für einen kleinen Blödmann, einen netten, gut zu haben, von anständiger Arbeit gründlich verdorben. Ich hatte ihm alles erzählt, fast alles. Ich setzte mich nur für die Sache der kleinen L'Espinasse ein, die sich noch stärker bedeckt hielt, was mir wirklich an die Nieren ging.

Unterdessen war von Kommandeur Récumel vom Kriegsrat nichts mehr zu hören. Wir kannten nur den Platz, wo die Erschießungen stattfanden, wo Cascade seine Vorahnung gekriegt hatte. Der Kommandeur hatte wohl die Beweise gegen mich in diesem Abenteuer noch nicht ausgewertet. Manchmal war mir, als würde ich ihn zu mir reden hören, aber das waren nur Worte wie im Rausch, abends, wenn ich wieder Fieber hatte. Ich sagte nichts, damit sie mich weiter rausließen. Die kleine L'Espinasse wichste mich nicht mehr, kam nur abends gegen zehn auf einen

Kuss vorbei. Als hätte sie sich etwas beruhigt. Der Pfarrer vermied es unterdessen, mit mir zu reden. Der ahnte wohl was. Méconille, der Kurpfuscher, war auch höflicher geworden. Bébert bemerkte diese vielen kleinen Veränderungen um uns herum zwar, begriff aber noch nicht, was dahintersteckte. Jedenfalls verschaffte er sich einen Überblick über die kriegerischen Sitten in der Stadt. Im L'Hyperbole, wie gesagt, im Zwielicht dieser Kneipe, herrschte ein gottvoller Lärm, dazu dann noch das mechanische Klavier. Wenn alle auf einmal rumschrien, sorgte das bei mir in meinem Ohr wieder für eine Art Stille. Lärm gegen Lärm. Nur dass mir dann leicht übel wurde. Ein zu starker Widerstreit in meinem Kopf.

«Komm, Ferdinand», sagte dann Bébert, «du wirst ganz blass. Komm, wir machen einen Spaziergang am Fluss, das wird dir guttun.»

Wir humpelten dahin. Sahen weit entfernt am Himmel die Bomben platzen. Hinter den Pappeln war der Frühling wiedergekehrt. Dann gingen wir ins L'Hyperbole zurück, wo er seinem Beobachtungsgeschäft weiter nachging. Das Truppendefilee war das reinste Bilderbuch. Vor allem gegen acht Uhr abends vor der Ablösung.

Dann floss das nur so, ergoss sich wie Lava, die Regimenter auf der Place Majeure, von oben nach unten, von rechts nach links. Es rollte zu den Bogengängen um das Marktrund herum, klammerte sich an den Bistros fest und passierte den Springbrunnen, ganze Tröge voll pumpte es zwischen die großen Wandlaternen, die an ihren Aufhängungen baumelten. All das sollte am Ende miteinander verschmelzen, alles miteinander auf der Place Majeure, wenn man Material und Fleisch ein bisschen zusammenschießen würde. Wie ich später hörte, kam es dann auch so weit, als die Bayern eines Tages alles in die Luft jagten, beim Bombardement in der Nacht zum 24. November.

Da hatte das große Kreisen auf der Place Majeure ein jähes Ende, die Divisionen der Belgier mischten sich mit dem Gedärm der Zeeländer, als auf einen Schlag dreiundvierzig Bomben fielen. Zehn Tote.

Drei Oberste erwischte es beim Pokerspiel, mitten im Pfarrgarten. Garantieren kann ich dafür nicht, ich war nicht dabei, man hat es mir nur erzählt. Als wir das Ganze vor Augen hatten, im L'Hyperbole, Cascade und ich, lief das alles noch protzig und angeberisch ab. Aber zugegeben, der große Kummer aller, die auch nur zwei Stunden in Peurdu-sur-la-Lys verbrachten, und auf der Place Majeure lief ja eine Menge Männer auf, war nicht der Mangel an Alkohol oder anderer Waren, nein, es waren die Frauen. Amandine Destinée war die einzige Serviererin, die wir ein bisschen kannten, und sie liebte ausschließlich Cascade, das war offensichtlich, ein Fall von Liebe auf den ersten Blick. Bei den anderen Schwengeln, ob sie jetzt aus Ypern zu ihr kamen, aus dem heldenhaften Lüttich[15] oder aus Alaska, fand sie allein schon den Geruch unerträglich. Ein Bordell gabs keins, das war von sämtlichen Anordnungen verboten, und die Illegalen wurden von der Polizei der vier Generalstäbe verfolgt und eingesperrt.

Sobald einer also genug getrunken und geschlafen hatte, holte er sich einen runter, vielleicht fickte man sich unter

Alliierten auch ein bisschen in den Arsch, was bei uns damals noch nicht so verbreitet war. Kurzum, in Cascades Augen lag rings um uns herum das Geld nur so auf der Straße. Angèle musste unbedingt herbeigeschafft werden, so seine Meinung. Ich widersprach, was mich ehrt, das muss ich schon sagen. Ich widersprach bis zum Ende, denn wir hatten es schon mit genügend Risiken und Drohungen des Schicksals zu tun. Er mochte fein ehelich mit ihr verehelicht sein, samt Papieren der Republik, aber wenn Angèle hier in Peurdu-sur-la-Lys geschnappt wurde, wie sie sich zum Wechselkurs durchnehmen ließ, dann würde Cascade, egal, wie angefault sein Fuß war, unweigerlich und im Handumdrehen als Kanonenfutter ins erste Bataillon des 70. geschickt, vielleicht sogar noch schneller ... Kurz, ich redete lieber nicht von Vorahnung. Wir verstanden einander. Es änderte nichts. Es war, als betreibe Cascade seinen Untergang wie besessen, wie verliebt. Und bald schon hatte sie ihren Passierschein. Da kreuzt seine Angèle also eines Morgens ohne Vorwarnung im Saint-Gonzef-Saal auf. Er hatte nicht übertrieben, sie war von Natur aus ständererhebend. Mit dem ersten Blick schoss einem das Feuer in den Schwanz, mit der ersten Bewegung. Es ging sogar noch viel tiefer, bis ins Herz sozusagen, bis ganz ins wahrhaftige Herz bei dem, der nicht mehr ganz bei sich ist, weil ihn vom Tod gerade nur noch drei zitternde Häutchen Leben trennen, und die zittern so gründlich, so intensiv und so stark, man kann nur noch sagen: ja, ja.

So, wie wir anderen dran waren, und vor allem ich im Vergleich, ganz unten im Kelch des Schmerzes, da musste die Biologie der kleinen Angèle wirklich von besonderer Güte sein, um mich da wieder bisschen rauszuholen. Vom ersten Moment an machte sie mir die allerschönsten Augen und ermutigte mich. Cascade brachte das nicht aus der Ruhe.

«Siehst du, Ferdinand, ich habe nicht gelogen, wenn sie weggeht und du siehst sie von hinten, ihre Hinterbacken, bei den Soldaten sorgt das ganz sicher für Meuterei, ich habs dir gesagt, sie ist brandheiß ... Geh schon, meine Süße. Suche die Bogengänge ... das Café de L'Hyperbole. Da frag nach Destinée, der Kellnerin, sie weiß Bescheid. Du bleibst bei ihr ... Ich komme am Nachmittag mit meinem Kumpel vorbei und hole dich ab. Lass deinen Passierschein auf dem Kommissariat abzeichnen ... Geh nicht raus, bevor ich es dir sage ... Ich hab da so meine Ideen ... Verhalte dich unauffällig ... Rede mit niemandem ... Falls du verhört wirst, weinst du ein bisschen und sagst, dein Mann ist so schrecklich verwundet ... Stimmt sogar. So, hast mich verstanden ... jetzt ab mit dir ...»

Ich war völlig hin und weg von Angèle, so abgewrackt ich war. Ich hätte ihr die Schenkel innen abgeschleckt. Hätte wer weiß was gezahlt, wenn ich denn die Mittel gehabt hätte. Cascade beobachtete mich. Er kicherte.

«Werd nicht gleich zu heiß, Loulou[16]. Sei ein guter Kumpel, dann lass ich dich an die Kleine ran, wenn du wieder einen hochkriegst, und dann soll sie für dich strahlen, so sehr wie für einen Offizier. Mehr kann ich nicht tun, das siehst du wohl ein ...»

Gerade waren für den Sommer kleine, schön enge

Korsagen in Mode. Ich dachte an die von Angèle, wie ein Traumschleier stand mir das vor Augen mit den spitzigen Titten, und da befiel mich wieder ein großes brummendes Ohrdonnern, und ich musste in die Latrine, ordentlich kotzen, wegen dem Schwindel, der mich taumeln ließ, wenn ich mich zu sehr erregte.

Wir gingen los wie üblich. Im L'Hyperbole tummelte Destinée sich wie immer mit den Soldaten und auch Angèle, die trank mit ein paar Senegalschützen Anislikör. Das gefiel Cascade nicht, er sagte zu mir:

«Ich will sie vor der anderen Hure nicht gleich beschämen, aber wenn sie weiter so mit allen rummacht rechts und links, dann krieg ich sie bei den Arschbacken ... Werd sie was lehren von wegen Gemeinmacherei. Hör mal, Frau», sagte er zu ihr, «du hast dir ja schöne Sitten angewöhnt, seit ich verwundet bin ... Vergiss nicht, du bist nicht mehr in Paris, ich bin jetzt dabei ... Du gehst hin, wo ich dir sage, und sonst nirgends ...»

Die Bemerkung gefiel Angèle nicht, das konnte man sehen. Es war mir für sie unangenehm. Allerdings, stimmte schon, sie war irgendwie ziemlich nervös in ihrer Gangart.

«Weißt du, Ferdinand kriegt sonst keine gute Meinung von dir, dabei hab ich dich in den höchsten Tönen gelobt, frag ihn. Zeig ihm mal, was du drunter hast, na los, zeigs ihm, sag ich dir ...!»

Aber Angèle gefiel das nicht, überhaupt nicht. Sie wollte nicht. Er konnte manchmal so ein Grobian sein.

«Zeigs ihm, oder ich zieh dir die Krücke quer über die Fresse!»

Die kleine Destinée hatte sich hinter Cascade aufgebaut. Sie wusste nicht, wie sie sich verhalten sollte, aber sie zitterte für Angèle.

Aber die hat kein Haarbreit nachgegeben. Er hat sich dann auch beruhigt, wegen dem Skandal, den es gegeben hätte. Angèle sah ihn scharf an. Er kam vom hohen Ross runter. Es war der ganze Krieg, der uns da zerdrückte. Ja, Cascade konnte seine Frau nicht mehr prügeln. Sie schaute ihn eine gute Minute lang so an, die Angèle, von oben nach unten.

«Du stinkst, Cascade», hat sie dann gesagt, «du stinkst, und ich scheiß auf dich, ich bin gekommen, um dir das zu sagen, und zwar ins Gesicht, und ich lasse dich auffliegen, wann immer ich will ...»

Das hat ihn voll in die Visage getroffen, ganz sicher war es das erste Mal, dass er als Scheißkerl bezeichnet wurde, vor allen Leuten, noch dazu von seiner eigenen Frau ...

«Pssst!», machte er, und noch mal, «pssst! Du hast zu viel getrunken, Angèle, noch so ein Wort, und ich mach dich draußen fertig ...»

Er hatte sich wieder gefangen.

Das war in dem Hinterzimmer, aber sie hatte kurz so laut geschnauzt, dass ich trotzdem Angst hatte. Sie machte weiter, damit ich Bescheid wusste, aber jetzt flüsternd, es war mehr so Angabe. Er war am Boden zerstört. Gut begreiflich. Am Ende tranken wir, sie bezahlte mit eigenem Geld. Sie lachte spöttisch, weil er so eingeschüchtert war.

«Jetzt geht dir die Muffe, was, Cascade, ich hab dich

in der Hand ... Ich hab die Nase voll von deinem schiefen Fischmaul ...»

«Du bist unmenschlich, Angèle. Du bist unmenschlich», sagte er.

Er glotzte wie ein Fisch an der Angel – er hatte Angst. Er brach auf zu unserer Bleibe, als die Patrouille gerade durch war. Sie gab uns doch noch einen Hundert-Franc-Schein mit, und dann sagte sie, extra vor Destinée:

«Ihr könnt tun, was ihr wollt», meinte sie. «Ab morgen», sagte sie noch, «ab morgen sage ich, wos langgeht.»

All das fiel nicht besonders ins Gewicht, denn natürlich mischte es sich mit allen möglichen Schrecknissen und Krankheiten. Ich berichte es trotzdem, eigentlich ist es ja ganz lustig. Aber Cascade, der war entsetzt.

«Ich hätte nie gedacht, dass die mal so sein könnte, Ferdinand ... Das sind die ganzen Fremden, die verderben sie.»

So dachte er sich das. Mit der Vorstellung ging er ins Bett. Am nächsten Morgen redete er immer noch davon.

Und ganz sicher hat Angèle dann auch Destinée im Café L'Hyperbole verdorben. Sie schliefen in einem Zimmer. Und später ließ sie sich noch mehr teuflische Sachen einfallen.

Ich hatte so Kopfweh, dass ich nicht jeden Tag ausgehen konnte. Das tat mir leid. Mir ging es überall zu schlecht, ich konnte mich nicht mit ihr befassen. Die L'Espinasse überwachte mich. Sie küsste mich abends nicht mehr. Sie sprach nicht mehr mit mir. Der Zouave neben mir starb dann auch. Eines Abends, als ich zurückkam, war er nicht mehr da. Die Nacht war noch schlimmer als sonst. Ich hatte mich an den Kerl gewöhnt, an seine Ekligkeiten, alles. Dass er jetzt weg war, da war ich sicher, war ein neues böses Omen. Es konnte immer nur noch schlechter werden.

Aber, man stelle sich vor, da hatte ich mich getäuscht. Cascade und ich machten uns Sorgen, was die kleine Angèle in der Stadt mit ihrem Passierschein anstellen würde. Er hatte keine Gewalt mehr über sie, so erfahren er als Lude war.

«Du hast keine Ahnung, auf was eine Frau in so Fällen kommen kann. Wie ein Panther, der aus seinem Käfig entwischt ist, die kennt niemanden mehr ... Dass ich sie hab kommen lassen, war die Dummheit meines Lebens. Ich hab halt noch so gedacht wie vorher ... Hab sie gesehen wie vorher ... Keine Ahnung, wie die so geworden ist ...»

Ihm wurde so einiges klar.

«Ich bin sicher, die springt mit allen so um. Die reitet sich selbst ins Unglück, und dann zieht sie mich mit ... ich sag dir, die ist zur Denunziantin geworden ... So haben sie sie mir in Paris verdorben, dabei hatte ich sie extra bei meiner Schwester untergebracht, bevor ich eingerückt bin. Unglaublich. Wenn ich mir die richtig vornehme, dann prügele ich sie so, ich mach einen Bettvorleger aus ihr, einen Bettvorleger aus nichts als aus Angèles Arschleder, derart mach ich sie fertig, bevor ich sie vor die Tür setze.»

Mit beiden Händen zeigte er ein großes Rechteck zu meinen Füßen.

Die ganzen anderen Kerle bis auf die Sterbenden amüsierten sich riesig, dass er so auf seine Kleine wütete. Abgesehen davon waren ihnen Cascades Geschichten scheißegal, sie begriffen nichts davon, sie hatten nichts im Sinn als Kartenspiel und Spucken und Tropfen für Tropfen ins Urinal pissen beim Warten darauf, dass sie aus der Heimat hörten, alles ist gut und bald kommt der Frieden. Nur die Kanone störte dabei, gegen Juli 15 kam sie immer näher. Beim Spielen mussten wir oft sehr laut sprechen, sehr laut, um einander zu verstehen, wenn wir die Karten ansagten. Tagsüber wurde der Himmel so brandig, schlossen wir die Lider, hatten wir die Augen noch immer voller Rot.

In unserer kleinen Straße war es zum Glück schön ruhig. Rechts, keine zwei Minuten entfernt, floss die Lys. Man folgte ein wenig dem Treidelpfad, so gelangte man ganz einfach auf die andere Seite der Befestigungen, auf die Landseite, die friedliche Seite mit den Feldern. Auf der friedlichen Seite weideten Schafe im Grünen. Cascade und ich sahen zu, wie sie die Blumen mampften. Wir setzten uns hin. Die Kanone war fast nicht mehr zu hören. Das Wasser floss ruhig, es gab keinen Verkehr mehr. Der Wind puffte in die Pappeln, so was wie kleine Lacher. Nur die Vögel waren nervig, ihre Rufe klingen so sehr wie pfeifende Kugeln. Wir redeten nicht viel. Seit ich Angèle gesehen hatte, dachte ich, Cascade war mindestens genauso in Gefahr wie ich.

Die Truppen benutzten den Treidelpfad nicht. Der gesamte Verkehr war unterbrochen. Das Wasser ruhte schwarz, mit Seerosen drauf. Die Sonne zieht vorbei und verkriecht sich umstandslos im Dunkeln, für nichts und wieder nichts. Sensibelchen. Ich brachte allmählich ein bisschen Ordnung in mein Gedröhne, die Posaunen auf der einen Seite, die Orgel nur, wenn ich die Augen schloss, die Trommel bei jedem Herzschlag. Ich hätte mich noch daran gewöhnen können, wenn mir nur nicht immer so schwindlig und übel gewesen wäre, so aber war es nachts zum Einschlafen wirklich hart. Man braucht doch Freude, Entspannung, innere Ruhe. Für mich jetzt vergebliche Hoffnung. Was Cascade neben mir hatte, das war ja gar nichts dagegen. Ich hätte gern meine beiden Füße gegeben, dass sie mir abfaulen, wenn man dafür meinen Kopf in Ruhe gelassen hätte. Das begriff er nicht, man begreift die fixen Ideen der anderen nicht. Der Frieden der Felder ist bescheuert für einen, der lauter Lärm in den Ohren hat. Besser, man wäre in echt ein Musiker. So Leidenschaften zu haben wie die L'Espinasse, das vertreibt vielleicht die Zeit? Oder ein Chinese sein, der sich mit seinen Foltern tröstet.

Ich müsste mir was Verrücktes suchen, das den ganzen Kummer ausgleicht, auf ewig in meinem Kopf eingesperrt zu sein. Mit so einer Sache würde ich ja nie wieder gar nichts tun können. Ich hätte nicht sagen können, ob ich verrückt war oder nicht, aber ich brauchte nur ein klein wenig zu fiebern, schon passierten mir die seltsamsten Sachen. Ich schlief nicht mehr genug, um klare Gedanken zu fassen, an denen man sich halten kann. Ich konnte mich an keinen halten. In gewisser Weise hat mich das gerettet, wenn ich das so sagen kann, denn sonst hätte ich das alles ganz sicher an Ort und Stelle beendet. Hätte nicht mehr lange gewartet. Hätte Méconille machen lassen.

«Tut wohl, das Land», sagte Cascade beim Anblick der Wiesen. «Tut wohl und ist doch tückisch, wegen den Kühen. Ich hab im Bois meinen Namen gefunden. Ich heiße nicht wirklich Cascade, und auch nicht Gontran, ich heiße Julien Boisson.»

Das gab er mir so in die Hand wie ein Geständnis. Und dann gingen wir wieder. Er war erledigt. Auf dem Rückweg umgehen wir das Gässchen zum Erschießungsplatz. Wir nahmen friedliche Straßen, die Straßen zwischen den Klöstern. Aber auch da haben wir kein ruhiges Gewissen, es ist einfach zu friedlich. Wir geben uns einen Ruck, wir fassen uns ein Herz, um mitten auf dem Pflaster zu gehen.

«Wir werden schon sehen, was sie macht», sagte er.

Seit drei Tagen trauten wir uns schon nicht mehr ins L'Hyperbole. Wir biegen also in die Straße ein, wo das Rathaus war, und dann in die mit einer Monumentaltreppe, die sich fächerförmig bis mitten auf den Platz im Zentrum erstreckt. Da bleiben wir stehen. Inspizieren die Örtlichkeit, bevor wir hinübergehen. Wir mussten uns immer vor den Bullen in acht nehmen, unsere Ausgänge waren nicht restlos legal. Die Belgier vor allem waren hinterhältige Hunde. Gibt keine schlimmeren Polypen-Heimtücker als die. Listig, niederträchtig, das kennt sich an allen Kreuzungen aus, wo gottweißwer vorbeikommt.

Auf der Place Majeure gab es Verkehr, das übliche Getreibe, dazu noch die Sonnenschirme vom Markt, der mittlerweile jeden Tag stattfand, weil das Geschäft so gut lief. Etwas nach links befand sich die schönste Bleibe, mindestens drei Etagen reich verziertes Steinmetzwerk, der Generalstab der Briten. Musste man gesehen haben, was da an Automobilen und schick gekleideten Typen rauskam. Der Prince of Wales schaute offenbar so ungefähr jedes Wochenende vorbei. Und hatte da, hieß es, auch den Kronprinzen empfangen, der eines Sonntags vorbeigekommen war und ihn gebeten hatte, drei Stunden lang keine Kanonenschüsse abzufeuern, damit die Toten begraben werden konnten. Nur so zum Beispiel.[17]

Und wir, wen sehen wir da? Keine zwanzig Meter von einem englischen Wachposten? Über und über mit Rüschen garniert bis zu den Füßen? Wir erkannten sie trotzdem sofort. Cascade hält für eine Minute inne. Er denkt nach, er hat verstanden.

«Schau mal, Ferdinand, sie dreht sich um ... Ich sag dir, die machts nur noch mit Engländern ...»

Ich wusste nicht so gut Bescheid, aber das schien mir durchaus die Art von Angèle so im Moment. Cascade denkt immer noch nach.

«Wenn du sie jetzt störst, aufgerüscht, wie sie ist, dann mach dich auf alles gefasst, Cascade! Ich hau ab ...»

«Bleib. Wir fassen sie sanft an. Oder besser, sag gar nicht erst, dass ich auch da bin. Geh allein hin und sing ihr dein Liedchen.»

Es ging ganz gut. Angèle kicherte. Sie hatte gestern Abend schon drei Offiziere gehabt, alles Engländer.

«Großzügig sind die. Ich mache einen auf die Unglücksnummer.»

Das erklärte den Schleier, sie hatte angeblich bereits ihren armen Vater an der Somme verloren, und ihr Mann war jetzt hier in Peurdu-sur-la-Lys im Krankenhaus. Und dieser Mann war eben Gontran Cascade, der sich auf den gefälschten Passierschein verließ. Und dann ging das seinen Gang, der britische Offizier bekam seine Lektion französisch, Gefühl noch obendrauf. Allein gestern Abend hatte sie zwölf Pfund gemacht.

«Du lässt nichts anbrennen», meinte ich dazu.

«Nein, und glaub mir, die sind gut angesprungen auf mein Unglück.»

Wir lachten miteinander, ich nutzte das, um ein bisschen zu fummeln.

Cascade wartete im L'Hyperbole auf uns, das war verabredet, falls ich die Dinge richtig hindrehen konnte. Klappte gut. Ich will nicht sagen, ich hätte Angèle verführt, aber sie ertrug mich besser als ihren Mann. Das Nachwuchspferdchen, die kleine Destinée, konnte sie nicht riechen. Dabei blieb die auf dem Zimmer.

«Deine Nutte da», sagte sie als Erstes zu Cascade, «kannst du der mal beibiegen, dass sie sich den Schlitz wäscht, bevor sie schlafen geht?»

Ich erwartete, dass er ihr seinen Stock quer über die Visage zog, aber dafür war er schon nicht mehr Manns genug. War schon unterwegs in Richtung auf sein Schicksal, der Bébert, es war, als hätte er es gewusst.

«Das wird dir kein Glück bringen, Angèle, was du da machst, kein Glück, du hast dich auf ein ganz schön hohes Pferd geschwungen in Paris, seit ich weg war, das musst du erkennen. Du hast nicht den Mumm, den Mann zu markieren, Angèle, das wird dir noch zu Kopfe steigen, dich ins Unglück stürzen, noch mehr als mich ... merk dir das!»

Er redete ganz sanft zu ihr. Überraschend.

Bevor wir gingen, steckte sie ihm noch mal vor aller Welt einen Hunderter zu. Genug für uns beide. Meine Eltern bat ich um nichts mehr. Und dann haben wir sie wiedergesehen, meine Eltern, haben alles und alle wiedergesehen, ganz auf einmal. Es kam über uns wie eine Sturmbö des Untergangs. Ich werd Ihnen erklären warum. Eines Sonntags nämlich kommt die L'Espinasse quer durch den Saal direkt auf mich zu, mit ihrem berühmten Lächeln und ihrer zielstrebigen Freundlichkeit. Ich hole mir gerade hinter der Nackenrolle gemütlich einen runter, erst misstraue ich der Sache.

«Ferdinand», setzt sie an, «Sie können sich nicht vorstellen, was für große Neuigkeiten ich für Sie habe!»

Ich denke, jetzt ist es so weit, sie mustern mich aus, ohne den Fall untersucht zu haben, einfach so.

«Nein? Sie werden ausgezeichnet, Maréchal Joffre verleiht Ihnen die Militärmedaille.»

Da tauche ich aus der Deckung auf.

«Ihre lieben Eltern kommen morgen. Sie sind schon informiert. Hier ist die großartige Verleihungsurkunde ...»

Und sie verlas sie laut vor allen.

«Der Brigadier Ferdinand wird ehrenvoll im Tagesbefehl der Armee erwähnt, da er versucht hat, allein den Konvoi zu befreien, für den er die Strecke auszukundschaften hatte. Als der Konvoi von feindlicher Artillerie überrascht und von Kavallerie angegriffen wurde, attackierte der Brigadier Ferdinand dreimal allein eine Gruppe bayrischer Lanzenreiter; mit dieser Heldentat ermöglichte er den Rückzug von dreihundert leicht verwundeten Soldaten seines Konvois. Der Brigadier Ferdinand wurde während dieses Einsatzes verwundet.»

Es ging um mich. Ich denke sofort, Ferdinand, das kann nur ein Irrtum sein. Unbedingt ausnutzen. Ich habe keine Minute gezögert, das kann ich sagen.

Solche Umschwünge dauern nie an. Ich weiß nicht, ob es da eine Verbindung gibt, aber die Front gegenüber Peurdu bewegt sich an dem Tag auch. Die Deutschen haben sich zurückgezogen, heißt es, wohl ein Scheinrückzug. Die Kanone war fast nicht mehr zu hören. Die anderen Landser im Saal konnten sich gar nicht fassen wegen meiner plötzlichen Auszeichnung. Waren natürlich auch ein bisschen eifersüchtig. Sogar Cascade interessierte sich in gewissen Grenzen. Ich erzählte ihm nicht, dass die Geschichte hinter meiner Medaille die reine Dichtung war, er hätte mir nicht geglaubt.

4

Man muss schon sagen, von da an hat sich alles ganz hinreißend und wunderbar entwickelt. Ein großer Wind der Fantasie umwehte uns. Mich versetzte das absolut in Hochstimmung, ich hab mich davontragen lassen, kann man wirklich sagen. Hab mich nicht dazu verleiten lassen, vor lauter Überraschung so bescheuert zu bleiben wie davor und mich meinem Unglück hinzugeben, immer nur dem Unglück, denn ich kannte ja nichts anderes, seit meine allerwertesten Eltern mich aufgezogen hatten, hässliches Unglück, eins, das dich knechtet, zum Schwitzen bringt. Ich hätte diesem ganzen Fantasiezirkus nicht zu glauben brauchen und dass ich jetzt auf ein hölzernes Pferd steigen sollte, aufgezäumt mit lauter Samt und Lügen. Ich hätte ablehnen können. Ich habe nicht abgelehnt.

Na prima, dachte ich, der Wind steht günstig, Ferdinand, mach dein Schifflein bereit, lass die Arschlöcher in der Scheiße sitzen, lass dich treiben, glaub an nichts mehr. Man hat dich gerade mal zu gut zwei Dritteln zerschlagen, aber mit dem bisschen Rest kannst du dich noch gut vergnügen, lass dich aufrecht vom günstigen Nordwind anschieben. Schlaf oder schlaf nicht, stolpere, posaune, schwanke, kotze, schäume, eitre, fiebre, zerquetsche, verrate, verliere dich nicht, es kommt drauf an, wie der Wind weht, du wirst niemals genauso grässlich und durchgeknallt sein wie die ganze Welt. Geh voran, mehr verlangt man nicht von dir, du hast die Medaille, du bist schön. In der Schlacht der Arschgesichter bist du endlich auf der Gewinnerseite, du hast deine Privatfanfare im Kopf, hast nur zur Hälfte Wundbrand, bist am Faulen, schon klar, aber du hast das Schlachtfeld gesehen, und nicht das Aas, sondern du wirst ausgezeichnet, vergiss das nicht, sonst bist du undankbar, erbärmliche Kotze, Arschprodukt, das Papier nicht mehr wert, um dich abzuwischen.

Ich hatte die Urkunde immer in meiner Tasche dabei, mit der Unterschrift von Joffre, ich warf mich wieder in die Brust. Es war, als würde meine Glückssträhne den armen Cascade noch tiefer in die Scheiße reiten. Er jammerte nicht mal mehr.

«Nur Mut, Gontran», sagte ich zu ihm. «Du wirst schon sehen, wie ich die Weiber dressiere, sogar die L'Espinasse und die Typen von der Ausmusterungskommission, den Bischof, ja den würde ich, wie ich mich fühle, direkt in den Arsch ficken, wenn er nicht Haltung vor mir annimmt.»

Über meine Hochstimmung konnte Cascade nicht mehr lachen.

«Du bist schön, Ferdinand, du bist schön», mehr brachte er nicht zustande. «Du solltest dich fotografieren lassen.»

«Mach ich, und zwar gleich», sagte ich.

Gleich an dem Nachmittag bin ich mit meinen Eltern hin, als sie kamen. Mein Vater war wie erstarrt. Ganz auf einmal war ich wer. Die ganze Passage des Bérésinas redete schon von meiner Medaille, sagten sie. Meine Mutter hatte eine Träne im Augenwinkel, sie klang ganz ergriffen. Das widerte mich dann allerdings an. Ergriffenheit bei meinen Eltern ist mir zuwider. Wir hatten miteinander ernstere Rechnungen offen. Mein Vater war von der Artillerie beeindruckt, die durch die Straßen defilierte. Meine Mutter kriegte sich nicht ein, wie jung die Soldaten waren, und vor allem wie stattlich die Offiziere auf ihren Pferden. Die flößten ihr Vertrauen ein, diese Offiziere. Mein Vater hatte zudem einen Bekannten in Peurdu, den Vertreter der Coccinelle-Versicherung. Sie luden uns zum Essen ein, um meine Militärmedaille zu feiern, und sogar auch die L'Espinasse. Ich war der Stolz ihres Lazaretts, und Cascade war auch mit dabei, er war immer mit mir zusammen, aus Gewohnheit, und dann wollte meine Mutter, dass Angèle auch mitkam, sie waren ja verheiratet. Sie kapierte überhaupt nicht, was Sache war. Man konnte es ihr auch nicht erklären. Außerdem fuhren sie am selben Abend zurück. Wir suchten Angèle, wir fanden sie an der Ecke des englischen Generalstabs, wie an den vorigen Tagen auch.

Cascade, seien wir ehrlich, war das reinste Wrack. Er zerbröselte, vor allem, wenn er Angèle sah. Er moserte nicht mehr rum. Sogar die Destinée behandelte er anständig. Sie stellte seinen Stuhl nach hinten, damit er den Kunden des L'Hyperbole nicht im Wege war. Der Mann war völlig verändert. Ich warf mich in die Brust wegen meiner Medaille, ihn hingegen zerfraß irgendwas, es kam vom Krieg, er begriff es nicht mehr. Er hatte seinen Schneid verloren, ich jedoch gewann an Bedeutung, und außerdem schien es ganz so, als hätte er sich dem widrigen Geschick völlig ergeben.

«Widersteh», sagte ich zu ihm, «die Angèle wickelt dich um den Finger, im Moment benimmt sie sich wirklich mies, zugegeben. Sie nutzt die Lage aus, in der wir stecken, aber das wird nicht dauern, sobald sie einen auf den Deckel kriegt, hast du sie wieder in der Hand. Die wird noch dankbar sein, wenn du sie von ihrem Unfug abhältst, und das ist dringend nötig.»

«Echt, echt, echt, ich bin fast so weit, dass ich sie selbst bei den Bullen verpfeife, so fremd bin ich mir geworden. Sollen sie sie nach Paris zurückschicken, soll sie sich von ihren Negern[18] stöpseln lassen. Es geht gar nicht darum, ob sie bleibt oder nicht, sondern entweder mach ich sie fertig, oder ich bin selbst dran. Furchtbar, was der Krieg mit einem macht, sag, was du willst. Ich bin sicher, sie hat einen Kerl, es sei denn, sie ist andersrum und ich hab das nie bemerkt. Angèle ist ein Ungeheuer, ich schwör dirs, Ferdinand.»

Monsieur Harnache hieß dieser Vertreter von der Coccinelle-Versicherung. Ein netteres Häuschen als seins konnte man damals nicht haben, mit allem Komfort. Er war ungeheuer liebenswürdig. Er zeigte es uns von oben bis nach unten. Ganz alte Schule, meine Mutter war hingerissen. Voller Komplimente. Es tat ihr leid, dass Madame Harnache so nahe an der Front leben musste. Und dann die süßen Kinderchen, zwei Jungen, ein Mädchen, sie saßen mit uns am Tisch. M. Harnache war schon immer wohlhabend, für die Coccinelle arbeitete er, um seinem Leben einen Inhalt zu geben.

Meine Mutter wusste sich gar nicht mehr zu fassen vor Bewunderung. Kurz und gut, er besaß allen Mut der Welt und sämtliche Tugenden. So begütert mitten zwischen den Truppen so nah bei der Front, so reizende Kinder um ihn herum, ausgemustert wegen Herzschwäche, in einer so großen und gut möblierten Immobilie, alles Stilmöbel, mit drei Dienstmädchen und einer Köchin, weniger als zwanzig Kilometer von der Front entfernt, so natürlich mit uns, von so angenehmem Wesen, lud uns schon gleich am ersten Tag an seinen Tisch, ganz besonders wohlwollend gegenüber Cascade, er fragte nach, dachte mit, verehrte geradezu unsere Verwundungen und meine Militärmedaille, gekleidet in einen Anzug aus teuerstem Tuch, ein wohlanständiger, tadelloser hoher Kragen, im Verkehr mit der besten Gesellschaft von Peurdu-sur-la-Lys, bekannt mit aller Welt und doch überhaupt nicht eingebildet, er redete Englisch nach dem Lehrbuch, schmückte sein Haus mit Häkelspitzen, das war für meine Mutter der höchste Beweis guten Geschmacks, und seine Briefe an meinen Vater waren fast genauso wohlgesetzt wie dessen eigene, natürlich nicht ganz, aber doch schon bewundernswert, und sein Haar, seinerzeit eine rare Erscheinung, zeigte den strengsten Bürstenschnitt, der ordentlich und perfekt maskulin und anständig wirkte und ihm das Vertrauen der möglichen Versicherten zuverlässig erwarb. Meine Mutter mit ihrem «bösen» Bein, wie sie es nannte, quälte sich in jede Etage hoch, nie müde, alles und jedes in Monsieur und Madame Harnaches Zuhause als wunderbar zu preisen.

Sie blieb an den Fenstern stehen, um zu verschnaufen,

auch einen Blick auf die Truppen unten in der Straße zu werfen, wie sie hin und her wogten, und verharrte dort kurz, fassungslos angesichts dieser Art Faschingsumzug ...

«Da sind wieder die Kanonen zu hören», meinte sie.

Und dann zog sie weiter, um das nächste Zimmer zu bewundern, es war voll mit den von mehreren Generationen ererbten Schätzen der Harnaches. Hätte man ihr Fische in einem Fluss gezeigt statt der Truppen auf der Straße, meine Mutter hätte keinen Deut besser begriffen, was sie bewegte so hintereinander in einem bunten Strom. Mein Vater sah sich gehalten, ihr alle möglichen frei erfundenen Erklärungen zu liefern, um als informiert dazustehen. Harnache selbst erläuterte die Formation der Hindu-Truppen, ganz Liebenswürdigkeit ...

«Sie marschieren immer zu zweit, wenn der eine von einer feindlichen Kugel getroffen wird, überlebt der andere ihn nicht lange, heißt es.»

Ach, was war meine Mutter da aus dem Häuschen. Endlich verursachte ihr mal was Gefühle.

«Pass auf, Célestine[19]», meinte mein Vater zu ihr, «nicht dass du fehltrittst.»

Wegen der gut gebohnerten Treppe dieses Modellhaushalts nämlich.

«Geradezu ein Museum ... Was haben Sie aber auch für schöne Dinge um sich, Madame ...» Meine Mutter hörte mit ihren Beglückwünschungen nicht auf.

Madame Harnache wartete unten vor dem Esszimmer mit ihren drei Kindern. Mein Vater fürchtete, meine Mutter könne vor aller Augen straucheln. Sie hinkte schon sehr, nach all diesen Treppen, noch dazu nach der Eisenbahn und dem städtischen Pflaster. Er zog eine Grimasse, mein Vater, beim Gedanken an diese jämmerliche, magere Haxe. Er war sicher, dass die anderen das beim Hochgehen unter ihren Röcken auch gesehen hatten. Er sah schon gemein aus, dieser Harnache, mit seinem dünnen Katzenschnurrbart. Ganz sicher befummelte er die Dienstmädchen. Mein Vater warf auch einen verstohlenen Blick auf sie, als sie die Vorspeisen servierten. Gut gebaute Zwanzigerinnen, schön pummelig. Wenn sie in die Küche gingen, den nächsten Gang holen, mussten sie zwei Stufen hoch, da waren ihre strammen Waden kurz zu sehen.

Mademoiselle L'Espinasse kam etwas verspätet und zerging in Entschuldigungen. Am Zugang zur Place Majeure war sie von der Parade der Schotten aufgehalten worden, die am Vortag eingetroffen waren, ihr General übergab ihnen ihre Fahne.

«Wie schön der war! Was für großartige junge Männer, Madame! Fast noch Kinder, aber herrlich frisch, voller Mut und Durchhaltevermögen! ... Ich bin überzeugt, irgendwann bald werden sie Wunder vollbringen und machen den grässlichen Deutschen die Hölle heiß, diesen Bestien, diesen fürchterlichen!»

«Oh ja, Madame, ganz recht, in der Zeitung stehen die schlimmsten Dinge über ihre Grausamkeit. Wirklich unglaublich! Dass man so was nicht verhindern kann.»

Was Gräuel angeht, schonten sie unsere Ohren, Cascades und meine. Sie verkniffen sich, alles zu berichten, was sie in der Zeitung gelesen hatten. In den Augen meiner Mutter musste es doch irgendeine allerhöchste Instanz geben, dank derer die Deutschen gehindert würden, ihre sämtlichen Instinkte auszuleben. Es konnte doch nicht anders sein. Für einmal war mein Vater ganz ihrer Meinung. Sollten die Deutschen sich einfach alles erlauben dürfen, dann wäre die Welt doch eine ganz andere, als sie immer gedacht hatten, auf anderen Prinzipien aufgebaut, mit anderen Begriffen, aber was sie dachten, musste doch die Wahrheit bleiben. Natürlich gab es gegen die Grausamkeiten des Krieges die Hilfe einer allerhöchsten Instanz. Es genügte, stets seine Pflicht zu erfüllen, wie mein Vater es sein Leben lang immer getan hatte. Mehr nicht. Sie konnten diese grässliche Welt, eine Folter ohne Ende, nicht begreifen. Also leugneten sie sie. Allein schon die Möglichkeit zu erkennen, hätte ihnen mehr Entsetzen bereitet als alles andere. Zwanghaft hieben sie auf die Vorspeisen ein, stopften einander gegenseitig mit Zuspruch voll, es müsse doch möglich sein, etwas gegen die deutschen Gräuel zu unternehmen.

«Es kann nicht dauern. Eine amerikanische Intervention würde genügen.»

Mademoiselle L'Espinasse zögerte kurz, wir konnten das erkennen, Cascade und ich, sich wie die anderen zu empören. Sie hatte uns im Auge, wir verhielten uns ganz untertänig. Um die Wahrheit zu sagen, sie redeten alle eine merkwürdige Sprache, eine große Idiotensprache.

Das Schönste war, als Angèle endlich eintraf. Meine Mutter, die ja nichts ausließ, pries sie sogleich für ihren Mut, dass sie ihrem Mann in der Gefahrenzone beistand ...

ob sie noch lange zu bleiben beabsichtige ... ob sie die Genehmigungen habe ...

Angèle starrte die ganze Zeit unverwandt auf meine Militärmedaille.

Ich hätte Angèle gern gebumst, wenn ich zuerst bisschen Schlaf und außerdem Aussicht auf ein, zwei ruhige Tage gehabt hätte. Meine Medaille sorgte leider nicht für Schlaf, aber doch immerhin für ein wenig Sicherheit. Nur gab es da noch Cascade.

Wir gelangten zur Lammkeule. Da endlich hörten wir einen kurzen Augenblick auf zu denken. Ich nahm mir dreimal nach, mein Vater auch, Monsieur Harnache auch, seine Frau zweimal, Mademoiselle L'Espinasse eineinhalbmal. Meine Mutter bedachte mich mit einem zärtlichen Lächeln, als sie sah, wie ich zulangte.

«Na, sein Appetit hat wenigstens nicht gelitten», bemerkte sie fröhlich in die Runde ...

Von meinem Ohr redete niemand, es ging wie mit den deutschen Grausamkeiten, wie mit allem, was nicht fassbar, nicht zu lösen war, was seltsam war und abseits des Vertrauten, dessen, was der Vorstellung von der Heilbarkeit aller Dinge auf der Welt zuwiderlief. Ich war zu krank, war vor allem zu der Zeit noch zu wenig auf dem Quivive, um zu erkennen, wie schändlich sie sich über meinen brummelnden Kopf hinweg benahmen, meine Alten und die anderen, aber ich spürte es bei jeder Bewegung, jedes Mal, wenn es mir schlecht geht, wie eine klebrige Riesenkrake, schwer wie Scheiße, ihre gewaltige optimistische, dämliche, verkommene Idiotie, mit der sie vor allen Offensichtlichkeiten die Augen verschlossen, ungeachtet aller Schande, aller schrecklichen, extremen, blutigen Leiden, die doch unter den Fenstern, hinter denen wir saßen, laut schrien, das Ausmaß meines Dramas mochten sie nicht akzeptieren, denn es zu erkennen, hätte bedeutet, doch wohl an der Welt und am Leben zu verzweifeln, und sie wollten eben an nichts und wieder nichts verzweifeln, nicht mal am Krieg, der mit ganzen Bataillonen unter den Fenstern von Monsieur Harnache dahinzog und dessen Geschosse zu hören waren, wie sie schnurchelten und ihr Echo sämtliche Scheiben des Hauses klirren ließ. Auf meinen Arm schwang man unendliche Lobesreden. Das war mal eine gefällige Verwundung, über die der Optimismus sich auslassen konnte. Über Cascades Fuß übrigens auch. Angèle sagte nichts, sie hatte fast kein Rouge aufgelegt.

«Was ist das nur für ein nettes Mädchen», vertraute meine Mutter mir nach dem Salat an, «aber wirklich.»

Es herrschte eine Verschwörung an diesem Tisch. Nicht nur feierte man meine Tapferkeit, man stärkte auch unsere Moral, die der verwundeten Kämpfer.

Es dauerte gut zwei Stunden, so viel aßen wir. Zum Nachtisch kam auch noch der Beichtvater, Stiftsherr Présure, um meine Eltern zu beglückwünschen. Er sprach leise wie eine Dame. Er trank den Kaffee, als nippte er Gold. Voller Selbstgewissheit. Meine Mutter nickte zu jedem seiner Glückwünsche, mein Vater desgleichen. Sie waren in allem seiner Meinung. Es war eine Gabe des Himmels.

«Sehen Sie, mein lieber Freund, noch tief in den schlimmsten Prüfungen, die er für seine Geschöpfe bereithält, hat der Herrgott für sie doch immer noch unermessliches Mitgefühl, unerschöpfliches Mitleid. Ihre Leiden sind seine Leiden, ihre Tränen seine Tränen, ihre Ängste seine Ängste ...»

Ich setzte eine ordentlich dämliche und betrübte Miene auf, um den Worten des Priesters ebenso wie die anderen beizupflichten. Ich hörte ihn nur schlecht wegen dem Gedonner, das um meinen Kopf kreiste wie ein Helm aus Lärm, ein fast undurchdringlicher. Nur durch dieses Gepfeife hindurch und wie durch eine tausend Echos bewirkende Tür erreichten mich seine honigtriefenden, heuchlerischen Worte.

Meine Mutter kriegte den Mund nicht mehr ganz zu, derart Erhabenes verzapfte dieser Priester. Ganz offensichtlich war er das gewohnt, er erging sich unablässig in Erhabenem, so wie meine Mutter in Ehrerbietung, ich mich in Kopfgesumse und mein Vater in Rechtschaffenheit. Wir tranken ein zweites Glas Cognac, richtig alten, um die Militärmedaille gebührend zu feiern.

Cascade trank aus Angèles Gläsern mit, er ließ sie nicht austrinken, um sie zu ärgern. Vor ihrer Nase schlürfte er sie aus. Das fand er spaßig. Es herrschte eine Art Tanz im Speisezimmer von Monsieur Harnache, ein Tanz der Gefühle. Das kam und ging inmitten meines Gedonners. Nichts hatte mehr feste Formen. Wir waren betrunken, alle. Monsieur Harnache hatte seine Krawatte abgelegt. Wir tranken noch einen Kaffee. Dem Pfaffen hörte keiner mehr richtig zu. Nur meine Mutter wackelte noch dicht vor seinem Mund mit dem Kopf und verfolgte die weiterhin höchst erhabenen Gefühle bezüglich der Kriegsgefahren und der übernatürlichen Wohltaten des Lieben Gottes.

Angèle und Cascade belegten sich mit harten Worten. Ich konnte es nicht allzu gut hören, aber es krachte gewaltig.

«Nein, ich komme nicht mit ...», sagte sie ..., «nein, ich komme nicht mit ...»

Sie brachte ihn planmäßig auf die Palme. Er hatte es mir vor dem Aufbruch erzählt, sein besonderes Vergnügen bestand darin, sie auf dem Scheißhaus zu vögeln. Sie wollte nicht mitgehen. Na gut.

«Dann geh ich jetzt eine stoßen!», sagte er.

Und stand von seinem Stuhl auf. Mein Vater hatte wie immer einen hochroten Kopf. Eine Truppe zog vorüber, blieb nicht stehen, es trommelte auf das Pflaster wie ein eiserner Wolkenbruch, die Kavallerie, und dann die Artillerie, eine Schwadron nach der anderen schwankt, hinkt, holpert von Widerhall zu Widerhall. Man gewöhnt sich dran.

«Wüsste ich aber!», erklärte die kleine Angèle sofort.

Ich sah ihre Augen genau. Herausfordernd. Diese schwarzen Pupillen, dazu der blutrote, provozierende Mund, die Augenbrauen hart über den sanften Zügen gemalt. Aufgepasst. Aber das war Cascade ja wohl klar.

«Ich stoße eine, wenn ich will, und da kann deine schiefe Fresse mich nicht dran hindern!»

«Versuchs», sagte sie. «Versuchs, du wirst schon sehen!»

Zugegeben, sie war ein bisschen aufgestachelt auch wegen dem Alkohol, aber dennoch gab es Sachen, die konnte sie nicht einfach sagen und damit davonkommen.

«Was? Was, du Nutte, du wagst es und stehst vor den Leuten gegen deinen Mann auf? Weil du dich von den Roastbeef-Fressern flachlegen lässt, seit ich dich hierhergeholt habe zu mir ... Für wen hältst du dich? Das erzählst du den Leuten hier nicht, wie ich dich in der Passage du Caire vom Strich weggeholt hab und dass du ohne mich niemals dein erstes schönes Hemd verdient hättest, mit dem du angeben konntest. Noch ein Wort, Schlampe, und ich polier dir deine Drecksfresse! Du verdienst nicht mal, dass man ... Miststück! ...»

«Ja, ja», meint sie bloß.

Und leiser, sehr konzentriert auf ihre Worte, die sie sich wahrscheinlich auf dem Herweg zurechtgelegt hatte:

«Du denkst, deine kleine Angèle ist immer noch so blöd wie früher ... Was, das ist doch deine Meinung! Dass sie für ein zweites Pferdchen sorgt oder gleich für zehn, drei Freudenmädchen und sämtliche Weiber aus der Gosse, die der feine Herr herbeischafft mit ihrem stinkenden Schlitz, ein Hosenscheißer alle Vierteljahre, den wir gemeinsam wegmachen lassen müssen, bei jeder zweimal, dreimal Syph, das kostet, und deine kleine Angèle kommt für das alles auf, bezahlt die Arznei und was zu trinken für die ganze Sippschaft, indem sie die Beine breitmacht, immer ihre Beine, ihre Beine immer wieder ... Nein, Dummerchen, das ist vorbei, ich scheiß auf dich, du bist und bleibst ein Dreckskerl. Lass dich alleine ficken, wir gehen getrennte Wege, da hast du meine Abendnachrichten!»

«Ah! Ferdinand! Mir fehlen die Worte! Du hast es gehört. Schau her, die schlitz ich auf ...»

Monsieur Harnache war gleich nebendran, der Priester, Mademoiselle L'Espinasse, alle in höchster Aufregung ... Schon hatte er das Kuchenmesser in der Hand. Viel Schaden hätte er damit nicht anrichten können.

Meine Mutter hörte diese Grässlichkeiten. Eine grässliche Tonart, die kannte sie nicht. Wir hielten Cascade zurück. Er setzte sich wieder hin. Wiegte den Kopf wie ein Metronom. Seine Frau war zum Glück auf der anderen Seite des Tischs. Sie senkte den Blick nicht.

«Singen Sie uns doch etwas vor, mein lieber Cascade», meinte irgendwann Madame Harnache, sie war zu dämlich, als dass sie irgendwas mitbekommen hätte. «Ich begleite Sie auf dem Klavier.»

«Gut!», sagte er und ging auf das Klavier zu, so entschlossen, als wollte er es massakrieren.

Die Angèle ließ er nicht aus den Augen. Sie hatte sich abgeregt.

Ich weiß ... tralala tralala wie hübsch Sie sind ...
Trala, trala.
Ihre Augen so süß ... üß ... üß ach ja, mein Kind ...
Haben mein Herz erobert! ...
Diese Liebe ist für das Leben ... eben ... eben
Das weiß ich bestimmt ...

Da wollte Angèle es noch mal wissen. Sie stand extra auf, dabei versuchte der Priester noch, sie zurückzuhalten.

«Eine Sache traust du dich nicht zu sagen, du Widerling, nämlich dass du zweimal verheiratet bist ... ja zweimal ...

und beim zweiten mit gefälschten Papieren. Er heißt auch nicht Cascade, meine Herrschaften ... absolut nicht Cascade Gontran, er ist ein Bigamist, ja Bigamist, mit falschen Papieren hat er geheiratet ... seine Erste, die hat auch einen Luden, in Toulon, jawoll, und die trägt seinen richtigen Namen ... seinen komplett richtigen Namen. Sags ihnen, den Herrschaften, stimmt das etwa nicht ...»

«Mehr weißt du nicht zu sagen? mehr nicht?» Er hörte auf zu singen.

Die Anwesenden wussten nicht was tun ... Angèle war aufgestanden, um ihn dicht vor seiner Nase zu beschimpfen.

«Und ob ich noch was weiß ...»

«Na dann erzähl mal schnell, wo du schon dabei bist, erzähl alles, du bist so lustig. Wirst schon sehen, was du davon hast. Wirst sehen, der Julien ... der macht dich fertig, du Fehlgeburt von einem Miststück, du Haufen Scheiße. Erzähl weiter, wo du schon dabei bist ...»

«Dazu brauche ich deine Erlaubnis nicht, von wegen. Ich sage laut und deutlich, wer am Morgen des vierten August im Parc des Princes die Nachtwache kaltgemacht hat ... Es gibt Zeugen ... Léon Crossepoil ... die kleine Cassebite[20], die könnten das bestätigen ...»

«Gut», meint er. «Ich singe trotzdem. Hör schön zu, scheiß Nutte, ob ich nicht weitersinge, hör schön zu. Vielleicht bringst du mich dazu, den Text ein bisschen abzukürzen, aber hörst du, noch aus dem Sarg würde ich singen, wenn es mir Spaß macht, nur um dich anzuscheißen. Hör zu.

Ich weiß ... tralala trala wie hübsch Sie sind ...
Ihre Augen so süß, ach ja, mein Kind ...
Haben mein Herz erobert ...
Diese Liebe ist für das Leben ...
Das weiß ich bestimmt ...

Na, noch eine Strophe? Ich kann sie alle. Alle, dass dir die Scheiße hochkommt und dich erstickt. Hört alle gut zu, und du, du kannst ihnen sagen, dass meine hohen Töne nicht zittrig sind. Wirst schon sehen, das ist für Cascade ein Kinderspiel, von wegen, der ist ein kleines Arschloch.[21]

Ich kann alle Strophen, hörst du, und dich ficke ich, sooft ich will.»

«Nein, du fickst mich nicht, du fickst mich nicht! du hast ja nicht mal so viel Mut wie der allerletzte Arschgefickte! Der da ist ein Schwachmatiker, eine Maulhure, kann sich nicht mehr bewegen wie andere Leute seines Alters ... Du bist weibischer als ich, eine Schlampe, widersprich mir nicht, weibischer als ich.»

«Wie! wie ...», stottert Cascade da, aus dem Konzept gebracht. «Was meinst du?»

«Ich meine, ich meine ... dass du dir selbst in den Fuß geschossen hast[22], damit du von der Front wegkommst und mir den Nerv töten kannst ... Sag ihnen schon, ob das nicht stimmt ... Na, sags ihnen! So einer ist das nämlich!» Und sie zeigte auf ihn wie auf eine Kuriosität, es war ein Spektakel.

Cascade schwankte auf seinem faulen Fuß.

«Trotzdem, jetzt singe ich, für Frankreich», sagte er mit matter Stimme. «Und außerdem», sagte er zu ihr, «du wirst mich nie zum Verstummen bringen, hörst du. Die Schlampe, die mich fertigmacht, die ist noch nicht geboren ... sag ich dir. Hol einen Mann, wenn du willst, wirst schon sehen, ob der mich zum Schweigen bringt. Gibts hier vielleicht einen in diesem Haufen Arschlöcher, der aufsteht und versucht, mich zum Schweigen zu bringen?»

Natürlich antwortete niemand. Der Priester schob sich sachte Richtung Tür. Die anderen wagten keine Regung. Meine Mutter verkniff es sich, ihn mit mütterlichen, wohlmeinenden Worten zu beruhigen.

Und da stand er dann beim Klavier, bedrohlich schwankend und voller Stolz. Er sang falsch mit rauer Stimme. Merkwürdig, er versuchte nicht, den Streit mit Angèle zu beenden. Dabei stand sie so gut wie neben ihm. Ich beobachtete alles, es war wie in einem Albtraum, man kann nichts tun, als den Dingen ihren Lauf zu lassen ... Auch er selbst war ein Albtraum, Angèle im Grunde ebenfalls. Irgendwie war das auch gut. Sie bekannte:

«Ja, es ist, wie ichs sage, du hast dich selbst verwundet. Hast du mir geschrieben ... sag jetzt nicht, das hast du nicht getan.»

«Na und?», fragte er.

«Und ich hab deinen Brief dem Oberst geschickt, ja, habe ich. So, da kannst du dich freuen, jetzt hältst du dein dreckiges Maul, jetzt hältst dus.»

«Nein, ich halte es nicht, ich werde es nie halten, du dreckiges Aas ... selber. Lieber fresse ich Kackhaufen, hörst du. Lieber lass ich mir den Bauch mit dem Dosenöffner schlitzen, bevor ich mir von dir das Maul verbieten lasse ...»

«Ich begleite Sie, Monsieur Carcasse», mischt sich Madame Harnache ein.

Die hatte nichts begriffen, sie dachte, das ist nur ein kleiner Streit ...

Da setzte Angèle sich neben meine Mutter.

Und just in dem Moment kam draußen das Kavallerieregiment vorbei.

Ich hörte die Fanfare genau. Mir war, als würde Mademoiselle L'Espinasse in sie einstimmen mit der Trompete, ein lauter Trompetenstoß, dabei trug sie einen Helm. Einen Helm, dreimal höher als die Noten. Das war doch nicht normal.

«Cascade», sagte ich, «Cascade, ich hab ... Es lebe Frankreich! Es lebe Frankreich!»

Ich brach zusammen. Alles in dem Speisezimmer hörte auf, sogar Cascades Lied. Nur noch mein Gedonner im Haus von oben bis nach unten, noch viel weiter, das Kavalleriegetrappel die Straße quer über die Place Majeure hinweg. Fette Geschosse, 120er, bombardierten den Marktplatz. Im Grunde begriff ich den Wahnsinn der Dinge sehr gut. Kurz erspähte ich den Konvoi, meinen kleinen Konvoi, ich wollte ihm folgen. Le Drellière winkte mir zu, der tapfere Le Drellière ... tat, was er konnte ... ich auch ... Ich rannte, rannte ... und fiel dann wieder hin.

5

Wenn so viele Jahre vergangen sind, wird die Erinnerung an die Dinge, die genaue Erinnerung, zu einer Mühsal. Was die Leute seinerzeit sagten, ist fast alles Lüge geworden. Bloß aufpassen. Die Vergangenheit ist eine Hure, sie zerrinnt zu Träumereien. So unterwegs schmückt sie sich mit Melodien, die man gar nicht von ihr verlangt hat. Sie kommt zu einem zurück, im Schlenderschritt, mit lauter angeschminkten Tränen und Bedauern. Das ist nicht ernst. Dann heißt es unbedingt den Schwanz um Erste Hilfe bitten, sofort, um da durchzublicken. Das einzige Mittel, das Mittel des Mannes. Steif werden, hammerhart, aber nicht der Versuchung nachgeben und wichsen. Nein. Alle Kraft steigt ins Gehirn, wie es heißt. Eine Puritanernummer, aber fix. Die Vergangenheit ist gefickt, sie ergibt sich, für einen Augenblick, mit all ihren Farben, dem Dunkel, dem Hell, sogar den genauen Bewegungen der Leute, die Erinnerung ist überrumpelt. Die Vergangenheit ist ein Schmutzfink, immer vor Vergessen besoffen, ein echter Heimtücker, der auf Ihre alten Erlebnisse gekotzt hat, schon sind sie weggeräumt, aufgestapelt sozusagen, widerwärtig, ganz hinten am Grunde der nörgelnden Tage, in Ihrem eigenen Sarg, ein heuchlerischer Tod. Alles in allem ist das doch meine Sache, werden Sie sagen. Und so haben sich die Dinge in der Wirklichkeit geregelt, oder besser gesagt aufgelöst, nachdem man mich wieder zu mir gebracht und ins Lazarett verfrachtet hatte.

Vorher erst mal begleitete ich meine Eltern zum Bahnhof, sie wussten nicht wohin. Trotzdem wars mir wichtig, bis dorthin mitzuwackeln. Cascade stützte mich, spielte mit seinen beiden Krücken immer noch den starken Mann. Der Pfarrer und die L'Espinasse gingen beide ihres Wegs. Angèle war nicht mehr zu sehen. War durch die Küche abgehauen. Vor allem mein Vater war verängstigt wegen dem, was er da gehört und gesehen hatte.

«Komm schnell, Clémence, komm», trieb er meine Mutter an, die nach dem langen Sitzen fast so humpelte wie Cascade, «komm schnell, nach diesem Zug fährt der nächste erst um 11.»

Er war blasser als wir alle zusammen. Ihm wurde als Erstem die Tragweite klar. Mir brummte es noch zu sehr, Cascade spielte irgendwann wieder seine Rolle, die des Burschen, dem vor nichts graut. Alle zwanzig Meter war uns jemand von der Truppe im Weg. Endlich kamen wir haarscharf zum Pfiff auf dem Bahnsteig an. Dann waren nur noch wir beide zusammen. Zeit, schleunigst zum Virginal Secours zurückzukehren.

«Und, gehen wir?», fragte ich Cascade trotzdem.

«Klar», meinte er, «oder denkst du, ich geh tanzen? ...»

Ich sagte nichts. Allein schon, wie die Typen im Schlafsaal unter ihren Decken an sich rumspielten, allein schon das ließ ahnen, dass die Nachricht sich bereits verbreitet hatte. Sie redeten nicht viel miteinander und fragten uns auch nicht nach Neuem aus der Stadt aus wie sonst, wenn wir zurückkamen, natürlich immer nach Schweinereien mit Weibern, was wir im Café gesehen hatten, auf der Straße, so typische Fragen tapferer Kerle eben. Nichts dergleichen.

Als ich an ihm vorüberging, um pissen zu gehen, sagte mir Antoine Bescheid, der kleine Pfleger aus Südfrankreich, der mit seinem Gips neben der Tür:

«Schon gehört, zwei Landjäger sind hier gewesen und haben nach Cascade gefragt, wegen einer Auskunft, haben sie gesagt ... Schon mitbekommen? ...»

Ich gleich zu Cascade, mal nachhören. Er sagt nichts.

«Wird schon nichts sein», meint er.

Es wurde dunkel. Das Gaslicht wurde gelöscht.

Ich dachte, jetzt ist es so weit, die Bullen bereiten sich schon vor, beim Wecken kommen sie und kassieren ihn ein. Ich hörte es 9 Uhr läuten, dann kam ein Kanonenschuss nicht weit entfernt und dann noch einer, dann nichts mehr. Nur das Übliche, Lastwagen und die Kavallerie und dann das gewaltige Schlurfen der Infanteristenfüße, das an den Mauern hochsteigt, wenn ein Bataillon vorüberkommt. Ein Pfiff im Bahnhof. All das musste ich in meinem Kopf unterbringen, wenn ich schlafen wollte, musste mich mit beiden Händen gut am Kissen festkrallen, allen Willen anspannen, die Angst wegschieben, nie wieder schlafen zu können, musste all meinen eigenen Lärm, das ganze Schlagzeug in meinem Ohr, mit den Geräuschen von draußen in Einklang bringen und dann stückweise mal ein Stündchen, zwei, drei schlafen, unbewusst, wie wenn man ein gewaltiges Gewicht hochstemmt und fallen lässt und wieder in völliges Chaos stürzt. Dann furzt man, will nur noch krepieren, greift den Schlaf an, wie bei der Jagd in die Enge getriebene Hasen, die vor einem Graben nicht weiterkönnen, loslassen, aufgeben, weiterrennen, immer noch hoffen. Nicht zu glauben, was für eine Folter das ist, die Welt des Schlafs.

Morgens gab es eine Waffenruhe. Echos von Explosionen, das wars. Die Krankenschwester brachte den Kaffee. Mir fiel auf, dass sie Cascade anders ansah als sonst. Sicher wusste sie was. Eine junge Klosterfrau. Die L'Espinasse war nicht mehr zu sehen. Wurde im Operationssaal gebraucht, hieß es. Mich selbst fragte ich, welche Rolle sie wohl bei dem gespielt hatte, was sich da anbahnte. Nach dem Kaffee ging Cascade in den Waschraum, dann spielte er eine Runde Rummelpikett mit Speckbacke, wie wir ihn nannten, dem Herzkranken im Bett neben dem Kerlchen zur Linken. In Wirklichkeit war Speckbacke gar nicht fett, die Füße schwollen ihm an und der Bauch, wegen dem Herzen und dem Eiweiß. Mehr nicht. Das fesselte ihn seit einem Vierteljahr ans Bett. Wenn er auf einmal abschwoll, war er nicht mehr zu erkennen. Und da passierte was. Cascade gewann viermal hintereinander gegen ihn, Cascade, der sonst nie gewann. Camuset, der Krückengänger, sah das und schlug Cascade eine Partie Manille mit zwei Kaffern vor, im Verbandsraum, während die Schwestern in der Mittagspause waren. Streng verboten. Wieder gewann Cascade, immer wieder. Eine grandiose Glückssträhne. Ein Unteroffizier aus dem Saint-Grévin-Saal, der da vorbeikam, konnte es gar nicht fassen. Er nahm ihn zu den anderen Uffzen mit, zum Poker. Und wieder gewann Cascade, jedes Mal. Am Ende stand er ganz bleich auf und verließ das Spiel.

«Ist doch unmöglich», sagte er.

«Im Gegenteil, läuft prima», sagte ich. «Ganz fabelhaft läuft es.»

Um ihm den Rücken zu stärken. Aber er sah das nicht so. Wir legten uns wieder hin für die Visite. Méconille kam durch mit zwei Trullas von draußen und einem Zivilisten, den wir noch nie gesehen hatten. Als er vor Cascades Bett stehen blieb, sprach der ihn an:

«Herr Major», sagte er, «kann man mir den Fuß nicht abnehmen. Er taugt nicht mehr zum Gehen ...»

Méconille wirkte peinlich berührt, ausgerechnet, dabei war der immer Feuer und Flamme, wenn es darum ging, was abzuschneiden.

«Warten wir noch ein wenig, mein Guter ... Es wäre verfrüht ...»

Aber es war ganz deutlich, dass Méconille sich irgendwie bremste. Sonst hätte er nicht so geredet. Die anderen Bettschisser fanden das auch ganz unnatürlich für ihn. Oberfaul.

Cascade hatte es versucht. Jetzt sank er aufs Bett zurück.

«Sollen wir rausgehen?», schlug er vor.

Erst hauten wir uns noch in der Küche einen Teller voll rein, es gab Reis, dann gingen wir.

Ich dachte, es ginge ins L'Hyperbole, aber er wollte nicht.

«Gehen wir lieber Richtung Land.»

Er kam ganz schön fix voran mit seinem Fuß trotz allem.

Aber wir durften uns besser nicht von den Gendarmen tatzen lassen. Die wurden immer fieser von wegen den Vorschriften. Hatten wir keine reguläre Genehmigung, war es jedes Mal ein Mordstheater, die L'Espinasse musste uns höchstpersönlich auf der Wache loseisen. Die englischen Bullen waren nicht besser, die Belgier noch viel übler. Wir bewegten uns von Deckung zu Deckung, wie auf dem Schlachtfeld, endlich kamen wir auf dem Land an, wie er es nannte, ins Offene auf der anderen Seite der Stadt, der Front entgegengesetzt. Hier herrschte Frieden. Die Kanonen waren von dort so gut wie nicht mehr zu hören. Wir setzten uns auf eine Böschung. Schauten. Bis weit, weit immer noch Sonne und Bäume, bald würde Hochsommer sein. Trotzdem, die vorüberziehenden Wolkenflecken blieben lange auf den Rübenfeldern. Aber zugegeben, es ist hübsch. Vergänglich ist die Sonne des Nordens. Links zog sich der Kanal dahin, schläfrig unter den Pappeln im Wind. Im Zickzack lief er dahin, murmelte allerlei Sachen, bis zu den Hügeln hinten und dann weiter bis hin zum Himmel, auf dem er blau weiterlief bis zum größten der drei Schornsteine ganz hinten am Horizont.

Ich hätte gern was gesagt, aber ich hielt mich zurück. Er war es, der anfangen sollte, nach dem, was gestern vorgefallen war. Auch die Sache mit den Karten verlangte nach einer Erklärung. Ich glaube nicht, dass er getrickst hatte. Es war einfach Glück gewesen.

In einer Umfriedung sah man Arbeiter und lauter Mönche, alte Mönche, beim Gärtnern. Unverdrossen. Sie beschnitten Spalierbäume. Es war der Garten ihres Mutterhauses. Hier und da in den Ackerfurchen ragte das Hinterteil eines Bauern aus der Landschaft. Rübenernte.

«Die von Peurdu-sur-la-Lys sind riesig», bemerkte ich.

«Komm», sagte Cascade. «Wollen wir mal schauen, bis wohin das geht?»

«Bis wohin was geht?» Ich war total überrascht, kein Wunder.

Es kam mir in unserem Zustand nicht besonders vernünftig vor, nur so zum Spaß rumzulaufen.

«Ich komme nicht weit», meinte ich.

Wir gingen geradewegs los. Den Rücken zur Stadt.

«Das ist jetzt wie abhauen», sagte ich. «Wir kommen nie rechtzeitig zurück.»

Er antwortete nicht. Ich dachte, jetzt bloß nicht als Deserteur dastehen, wo ich gerade die Medaille bekommen hatte.

«Ich gehe noch einen Kilometer mit», sagte ich, «dann kehre ich um.»

Stimmt außerdem, unterwegs habe ich noch zweimal gekotzt.

«Du kübelst die ganze Zeit», bemerkte er sogar.

Das war gemein. Na gut. Den Kilometer haben wir dann nicht mal mehr geschafft. Nach kaum dreihundert Metern kam ein Hampelmann hinter einem Wachhäuschen rausgesprungen, Vorderlader mit aufgepflanztem Bajonett, die reinste Furie.

Erst schnauzte er ordentlich was rum, dann fragte er, wohin.

«Kleine Runde auf dem Land.»

Wir zogen den Schwanz nicht ein. Da stellte er die Waffe bei Fuß und erklärte, auf dieser Strecke werde eine ganze Armee zur Verstärkung erwartet, die Deutschen seien jetzt gleich da hinten bei den Hügeln, am Ende der Ebene, genau da, wo der kleine Kanal begann. Keine drei oder vier Stunden mehr, dann stünden wir an dieser Stelle unter Beschuss mit Bomben. Wir sollten schleunigst verduften.

Gesagt, getan, humpeldipumpel. Es ging also überall nicht weiter. Nach diesen Erklärungen hielten wir uns am Kanal. Vollkommen absurde Wachrunden ließ Cascade uns drehen, wegen seinen dämlichen Marotten. Wir weiter auf der Uferböschung des Kanals. Ich sehe, wie mein Freund mit heftig gerunzelten Augenbrauen Richtung Wasser geht.

«Du bist lustig», ich versuchte, die schwarze Laune ein bisschen aufzuhellen, in die er sich seit dem sagenhaften Essen bei Harnache gestern verkroch. «Du bist lustig, du weißt doch nichts Genaues, nicht mal, ob Angèle wirklich gemacht hat, was sie behauptet, und dir geht die Muffe ... Diese Angeberin, ich bin ziemlich sicher, sie hat das vor allen Leuten nur gesagt, um dich zu demütigen ... und deinen Brief, den hat sie in der Tasche ...»

Er zog einen Mundwinkel hoch, der Cascade, als er das hörte, verächtlich.

«Du kannst wenigstens sagen, du bist krank ... siehst du denn gar nicht, wie eins sich zum anderen fügt ...»

Ich verstand nicht. Also sage ich nichts. Ich hatte so meine Meinung, fertig. Ich hatte noch etwas Geld, fünfundzwanzig Francs von meinen Eltern, und er sicher noch mal so viel von Angèle.

«Ich hol was zu trinken», schlage ich vor.

«Bring drei Liter, das wird dir gut tun.»

Sagt er zu mir.

Die Kneipe war gleich da, wo der Kanal an die Stadt grenzte. Ich brauchte knapp eine Viertelstunde hin und zurück.

«Kommst du nicht mit?», frage ich ihn.

«Keine Lust», sagt er. «Ich schau mal, ob ich bei der Schleuse eine Angel finde, vielleicht fange ich was.»

Ich gehe in aller Ruhe los, in Gedanken. Da höre ich hinter mir ein lautes *Platsch!* im Wasser. Schon bevor ich mich umdrehe, habe ich verstanden. Ich drehe mich um. Was da hinten bei der Schleuse im Wasser spritzte, war natürlich Cascade. War sonst keiner beim Kanal.

«Ertrinkst du?», rufe ich.

Ich weiß nicht warum. Intuition auch. Sein Kopf schaute an der Stelle aus dem Wasser, beide Hände auch. Er ertrank kein bisschen. Stampfte im Schlamm rum. Ich geh hin. Mache mich über ihn lustig.

«Ist hier doch viel zu flach», sage ich, «du Dämlack. Viel zu flach. Du sitzt im Modder, das ist alles.»

Er sah übel aus, der Cascade. Zum Glück war niemand da und konnte uns sehen, es war so schon schlimm genug.

«Du kannst da nicht ertrinken, Idiot, es ist längst nicht tief genug. Hätte ich dir sagen können ...»

Da zieht er sich auf die grasige Böschung hoch, mühsam wegen seinem Fuß.

«Du bist nicht ertrunken, aber du holst dir den Tod, gleich fängst du an zu schnattern», sag ich.

Er war unbeeindruckt.

«Hol Rum und lass mich in Ruhe.»

Das antwortet er mir. Ich geh wieder los. Diesmal bringe ich einen ganzen Liter Rum, einen Liter Bier und zwei Liter Weißwein, dazu drei Brioches, mehr als kopfgroß. Wir lehnen uns an eine Pappel. Und gießen uns gründlich einen hinter die Binde. Gleich fühlten wir uns besser genährt und alles. Es trocknete.

«Ich möchte angeln.»

«Wie soll das gehen», sage ich.

«Zeig ich dir.»

In Ordnung, ich war schon ziemlich hinüber. Ich gehe die Böschung lang bis zur Kneipe, zwei Angelruten ausleihen. Ich kriege welche und eine kleine Dose voller Würmer. Wir trinken noch einen und legen los. Lassen die Schwimmer zu Wasser.

Kaum hat er die Angel ausgeworfen, fängt er einen wahrhaftigen Hecht, und dazu noch Jungfische zum Frittieren, einen ganzen Korb voll. Ich nichts, wie auch anders. Er hat wieder alles Glück der Welt. Gegen fünf Uhr waren die Flaschen leer. Um sechs wird es dunkel.

«Wir müssen den Fisch nach Hause bringen», meinte er.

Schon sind wir unterwegs. Ohne Probleme bis zum Virginal Secours.

«Das ist ja der reinste Fischfang vom See Genezareth», sagte die Schwester Köchin, die auch an der Pforte Dienst tat.

Wir sagten nichts. Unter den Bedingungen hält kein Rausch an. Kaum noch ein-, zweimal gekotzt, schon war ich wieder nüchtern. Wir waren zu besorgt, vorgewarnt sozusagen. Die Nacht lag vor uns. Eine Nacht, die sehr dunkel und trügerisch zu werden versprach. Erst kam die Suppe wie üblich. Aber dann wollte Cascade nicht ins Bett. Er ging hin und her, vom Scheißhaus zum Fenster des Flurs. Die L'Espinasse drehte ihre Runde, als die Hausmeisterin das Gaslicht runterdrehte, ging sie hinter ihm her, schien ihn nicht zu bemerken, aber vor mir baute sie sich kurz auf.

«Das sind ja wirklich Sie», sagte ich. «Sind das wirklich Sie?»

Sie antwortete nicht. Sie blieb noch etwas da, eine Minute vielleicht, dann glitt sie sozusagen im Schatten davon.

Und dann brach die Nacht wirklich an.

Cascade setzte sich aufs Bett, anstatt sich hinzulegen. Er las etwas, dabei las er sonst so gut wie nie. Machte sich mit einer Kerze Licht. Seinem Nachbarn passte das nicht, dem gegenüber auch nicht, vor allem, weil zwei andere unablässig ächzten und noch ein anderer ständig pissen musste. Die Nachtschwester kam und blies seine Kerze aus. Er zündete sie wieder an. Es war wohl schon elf Uhr. Er hatte sämtliche Zeitungen durch. Jetzt versuchte er, auf dem Tisch in der Mitte zu lesen. Machte sich wieder Licht. Da reichte es dem marokkanischen Artilleristen, dem mit der Blasenentzündung im Bett neben der Tür, dabei schnarchte der lauter als alle anderen, ein echter Anführer, er warf seinen Stock quer durch den Saal direkt nach der Kerze. Cascade steht auf und will ihm die Fresse polieren. Fast kippt das Ganze in die Tragödie. Lauthals beschimpften sie sich als Arschlöcher.

«Gut», sagte Cascade, «wenn das so ist, les ich eben auf dem Scheißhaus, dann brauche ich eure blöden Fressen nicht sehen, wenn ich euch so beim Wichsen störe, Haufen Schwuchteln ihr.»

Da wars raus. Der alte Kerl vom Transportbataillon, ein echter Regionalreservist vom 12. Regiment und Volldiabetiker, steht auf und schleudert seine Urinflasche quer über die zweiundzwanzig Betten hinweg. Besprenkelt die gesamte Mannschaft. Sie landet krachend in einem Fenster. Zwei Schwestern kommen hoch, wir sind erst mal still. Und dann gehts wieder los. Am Ende verpisst sich Cascade:

«Ich kann nicht mehr schlafen», meint er. «Ihr scheißt mich alle an.»

Und will sich wieder zur Kerze setzen.

«Fick dich, hehe, dreckiger Idiot, hoffentlich erschießen sie ihn bald wirklich, dann geht er uns nicht mehr auf den Sack.»

Dermaßen hatten sie genug.

Und Cascade setzte sich tatsächlich aufs Scheißhaus, denn da brannte das Notlicht die ganze Nacht.

Es war jetzt wohl gegen ein Uhr.

«Hör mal, Ferdinand, hast du noch was zu lesen?»

Ich schaute im Schwesternzimmer nach. Ich wusste, wo sie die Bücher verwahrten, in einer Hutschachtel. *Les Belles Images*[23]. Davon hatten sie ganze Bände. Cascade nahm alles. Ganz begeistert, muss man sagen.

«Mach die Tür zu», sagte ich, «falls wer kommt ...»

Er schloss die Tür. Noch eine Stunde verging, dann noch

eine. Er saß immer noch da drin, ich wagte nicht mehr aufzustehen, damit die anderen nicht losmeckerten.

Irgendwann traute sich ein ganz kleines bisschen Tageslicht über das Dach gegenüber ... das mit den vielen Zacken aus Zink.

Und dann auf einmal eine Stimme, bei der alle hochschraken, eine sehr sanfte Stimme zwar, sehr eigenartig für einen Gendarmen, beinahe eine Frauenstimme, aber sehr bestimmt, sie wusste, was sie wollte, ganz hinten, am Anfang des Flurs vom Saint-Gonzef-Saal:

«Sie haben hier doch den Soldaten Gontran Cascade vom 392. Infanterie-Regiment, oder?»

«Er ist auf dem Scheißhaus neben Ihnen, Gendarm», tönte mit seinem lauten Organ der Artillerist neben der Tür.

Die Tür öffnete sich.

Cascade kam raus. *Klick, klack*, hörte man die Handschellen.

Ein anderer Bulle wartete am Ende des Flurs. Wir hatten keine Zeit mehr, Cascade richtig zu sehen, sein Gesicht meine ich. Es war noch zu dunkel.

Vier Tage später wurde er im Lager bei Péronne füsiliert, wo sein Regiment, das 418. Infanterie[24], zwei Wochen pausierte.

6

Die anderen im Saal kotzten mich an mit ihren Schlachtengeschichten. Kaum hatten wir erfahren, dass sie Cascade am Ende tatsächlich erschossen hatten, legten alle von wegen ihren Ruhmestaten los. Auf einmal alles Helden. Als würden sie Abbitte leisten wollen, dass sie in den letzten Stunden so gemein zu ihm gewesen waren. Sie beschmutzten ihn. Redeten nicht direkt über ihn, aber es verfolgte sie, das sah ich genau. Wenn man sie so hörte, hatten sie sich vor überhaupt nichts gefürchtet im Krieg. Der Fußsoldat Giboune, der sich immer noch in die Hosen schiss, wenn der Mittagsflieger über der Hütte kreuzte, prahlte unablässig mit seiner Winzverletzung rum. Mindestens drei Maschinengewehre hatte es gebraucht, um ihm seinen Streifschuss am Hintern zu verpassen. So was aber auch. Abloucoum, der marokkanische Soldat mit den Furunkeln, der an nichts als an seine Fistel dachte, hatte im wirklichen Leben noch nie eine Kugel zu Gesicht bekommen, aber das hinderte ihn nicht zu erzählen, wie er in Marokko allein ein ganzes Lager Eingeborener mit nichts als einer Fackel und einem ausgedachten Kriegsschrei gefangen genommen hatte. So eine Angst hatte er ihnen angeblich eingejagt. Wegen Cascade redeten die den ganzen Stuss. Ich glaube ja, insgeheim waren viele von ihnen ausgesprochen kleinmütig. Die ganzen Aufschneidereien halfen ihnen, sich gegen Schicksalsschläge zu wappnen. Ich war besser dran als sie, wegen meiner Medaille und meiner hübschen Urkunde, aber ich war dennoch misstrauisch. In der Situation alterte ich pro Woche um einen Monat. So sieht der Alltag aus, wenn man im Krieg nicht füsiliert werden will. Sag ich Ihnen.

Jedenfalls waren sie eifersüchtig. Ich zeigte die Medaille aber nicht rum. Steckte sie mir nur an, wenn es in die Stadt ging. Jetzt ohne Cascade konnte mich niemand mehr stützen, wenn mich der Schwindel überkam. Mit den anderen Scheißern gab ich mich nicht weiter ab. Wir waren allmählich alle Clowns im Schlafsaal. Held hin, Held her, mal mehr, mal weniger, aber alles echte Heuchler. Beweis: Wir redeten nie darüber, was die L'Espinasse trieb oder was unten im Lazarett vor sich ging. Wir gaben nur auf, worauf wir verzichten konnten. Die Schwerverwundeten und die schlimmsten Jammergestalten hielten an ihren Hoffnungen fest. Die im Todeskampf waren nicht ehrlich. Ich hab welche gesehen, wenn die L'Espinasse vorbeikam, dann spielten sie Sterbetheater. Tatsache. Ich hatte sie genau im Auge, die Schlampe mit ihrem so himmlischen Schleier, wie sie an denjenigen rumfummelte, die am übelsten dran waren, sie legte genüsslichst Katheter, und ich dachte, mein Gott, am Ende hatte sie vielleicht irgendwie recht. Sie suchte Aufrichtigkeit, die ging den anderen ab. Mit ihrer Art flößte sie mir sogar Mut ein. Wenn sie abends auf einen Kuss vorbeikam, stieß ich ihr die Zunge ordentlich ins Zahnfleisch. Das tat ihr ein bisschen weh. Ich wusste genau, dass das empfindlich war. Allmählich verstand ich sie ein wenig, um ehrlich zu sein. Mit anderen Worten, sie hing schon auch an mir. Eines Tages flüstert sie mir zu:

«Ferdinand, ich hab mich mit der Ortskommandantur verständigt. Wegen dem ganzen Ärger mit Ihrem Ohr können Sie bis zu Ihrem Termin bei der Kavalleriekommission in dem kleinen Pavillon ganz hinten im Garten schlafen. Wir haben Ihnen ein Bett da reingestellt, dort haben Sie mehr Ruhe als hier. Da stört Sie niemand ...»

Musste man sich mal anhören. Ich wusste ja allmählich Bescheid bei der Kleinen, der Heimtückerin. Seltsame Maßnahme, mich in dem Pavillon zu isolieren. Trotzdem ziehe ich um. Überlasse meinen Platz einem anderen.

«Ihr seht mich nie wieder, Arschgesichter. Ihr kommt alle in die Krepiermaschine zurück. Ich werd euch verputzen, wenn ihr zu Gemüse geworden seid da unten zwischen den Rüben und dem Scheißhaus.»

Da lachten sie sich eins. Bei Witzen waren sie nicht kleinlich.

«Kackarsch, zähl schon mal deine Knochen, dreckiger Idiot, du beißt noch ins Gras wegen deiner Medaille da ...»

Schlag auf Schlag.

Ich ziehe um. Besichtige den Pavillon. War in Ordnung. Schien korrekt, so als Ort, tatsächlich ganz hinten im Garten. Schön abgeschieden. Nichts zu sagen. Das Essen brachten sie mir hin. Ich konnte von zehn bis fünf Uhr raus, sagte sie.

Ich nehme kleine Straßen. Kotze diskret in die Toreinfahrten, wenn es mich überkommt. Offenbar ist jetzt überall in vierzig Kilometern Front, vorn wie hinten. Ich überlege, wohin mit mir, falls ich abhauen sollte. Ist aber überall modriges Gelände, dachte ich. Man müsste irgendwie ins Ausland gelangen, wo nicht getötet wird. Aber ich verfügte weder über Gesundheit noch über Geld, nichts. Widerwärtig, wenn man monatelang die Konvois der Männer und der ganzen Uniformen hat durch die Straßen ziehen sehen wie Würste auf der Fleischbank, Khakis, Reservisten, horizontblau, apfelgrün, auf Karren, die das ganze Hackfleisch zum großen Idiotenmörser hinbugsieren. Geradewegs marschiert das, das singt, das bechert, das kommt in langen Reihen zurück, das blutet, das bechert wieder, das heult, das schreit, das ist schon verrottet, ein Regenguss, da sprießt schon wieder der Weizen, andere Idioten kommen per Schiff, man blökt, man will schnellstmöglich von Bord, auf dem Wasser kreist er, der große Paffer, er wedelt mit dem Hintern, das schöne Schiff an der Mole, da gleitet es wieder fort, durchschneidet die schäumenden Wellen, um noch mehr zu holen ... Immer zufrieden, die Idioten, immer in Feierlaune. Je mehr von denen zerquetscht werden, desto besser wachsen die Blumen, das ist meine Meinung. Es leben die Scheiße und der gute Wein. Alles für nichts!

Was riskierte ich, wenn ich wieder ins L'Hyperbole ging? Nichts. Der kleinen Destinée würde ich schon alles verklickern, wenn sie es noch nicht wusste. Aber Angèle hatte sie schon ins Bild gesetzt. Angèle plante nicht, die Stadt zu verlassen. Woher denn. Sie hatte vor Ort schließlich ihre Verbindungen. Das war mir schon klar. Auf der Place Majeure herrschte immer mehr Gedränge, eine Kreuzung aller Welten. Alle übereinander. Man hatte Brücken gebaut, um besser über die Querstraßen wegzukommen. Es gab jeden Tag Tote wegen der Bombenangriffe und der schieren Menge an Soldaten, aber noch nie hatte der Handel ringsum so floriert. Auf dem Markt war es ungeheuerlich. Vor allem Blumen riss man sich gegenseitig aus den Händen. Kaum zu glauben, wie förderlich der Krieg für den Absatz von Blumensträußen ist. Gründe gab es genug. Da war eine Sirene, bei Gefahr eines Luftangriffs verkroch sich alles sozusagen in den Kellern. Großartiger Anblick. Ich habe gesehen, wie ein ganzes Bataillon eine geschlagene Stunde im L'Hyperbole aushielt, so lange dauerte der Alarm. Als die abzogen, war nichts mehr übrig, kein einziges Glas. Sie hatten das Kristall getrunken. Ich erfinde das nicht. Eine 75er Kanone mitsamt Pferden war, so groß war die Angst, bei einem Notar bis in den ersten Stock hochgekommen. Na bitte. Da sehen Sie, was da abging.

Wenn Ruhe herrschte, ging Angèle auf die Straße runter, die Witwe. Erst traute ich mich nicht an sie ran, sie stand unweit des englischen Generalstabs, wie gehabt. Diagonal quer rüber von dort, woher ich sie beobachtete hinter der großen Fensterscheibe vom L'Hyperbole. Destinée hatte erst nicht recht begriffen, was für ein schweres Schicksal über Cascade gekommen war. Sie war keine Natur, die viel begriff. Sie weinte aufrichtig, wenn sie an ihn dachte, aber sie wusste nicht so richtig warum. Sie blieb im selben Schlafzimmer über dem Café mit Angèle, so war es schließlich abgemacht. Außerdem war Destinée sehr müde, sie servierte den ganzen Alkohol und kübelweise Aperitif ganz allein an den fünfunddreißig Tischen vom L'Hyperbole, bis 10 Uhr abends und seit Viertel nach 6 morgens, das war die amtlich genehmigte Öffnungszeit. Wobei Angèle, die war so was von tückisch, nicht zu glauben, die lutschte sie immer noch nach der Schicht, erfuhr ich später, und brachte sie zweimal, dreimal zum Kommen. Und je fertiger Destinée von der Kellnerei war, desto geiler war Angèle darauf, sie zu schlecken, und je schwieriger es war, desto besser fand sie das. Die Leute sind wirklich völlig verrückt.

Kurz und gut, es war vielleicht nicht sehr moralisch, mich nach dem, was passiert war, an Angèle ranzumachen, aber es überraschte sie kein bisschen, als ich ankam. Wir gingen in ein anderes Café, um zu reden. Ich traute mich nicht, ihr Vorwürfe zu machen. Sie geilte mich sogar auf. Ich hätte schon gewollt, dass sie mir das alles erklärt. Aber das Thema vermied sie. Also ließ ich Cascade fallen, um näher zu rücken und ein bisschen zu grabschen. Sie ließ mich machen. War schwierig wegen meinem Arm, ich musste fast aufschreien, wenn ich fest drückte, und mein Ohr füllte sich mit Krach bis kurz vor der Explosion, wenn ich ein rotes Gesicht bekam. Immerhin, ich wurde steif, das war das Wichtigste. Hinter meinen blutigen Teilen stellte ich mir ihren erwartungsvoll gespannten Hintern vor. Ich sah das Leben wieder. Die gute Angèle. Sie spürte, wie geschwollen ich war. Ihre tiefschwarzen Samtaugen waren ganz süß, wie in Cascades Lied, das er nie wieder singen würde. Sie ergriff mein ganzes Herz. Und sie zahlte die ganzen Piccolos. Ich wollte meine Eltern nicht mehr um Geld angehen. Ich war stolz und angewidert.

«Da hast du ganz recht», redete sie mir zu.

Ich schaute ihr nach, wie sie über die Place Majeure davonging. Zwischen den auf Urlaub befindlichen Bataillonen glitt sie geradezu einher wie der Geist der Freude und des Glücks. Eine anmutige Furche zogen ihre Hinterbacken mitten durch die hunderttausend vor Erschöpfung stinkenden Kilo Fleisch, die sich da wälzten, zwanzigtausend Männer, zu Tode geschwächt. Auf dem Platz stank es dermaßen, dass sie sich in diesen Momenten beeilte. Und dann drehte sie sich um und puderte sich das Gesicht nach, ihre Lieblingsgeste, in freundlichem Abstand zum Hauptquartier des Generals V.W. Purcell. Gegen 11 Uhr brach der mit seinen beiden Pferden auf, zwei Rotfüchsen, dieser General V.W. Purcell, in seiner gelbvioletten offenen Kutsche, zu einer kleinen Runde bei den Schützengräben. Er lenkte selbst, ganz unauffällig. Ein Mann von Welt. Zwei Offiziere zu Pferde folgten ihm, Hauptmann B.K.K. Olisticle aus Irland und Oberst Percy O'Hairie, eine regelrechte junge Dame, so geziert und wendig.

Angèles Masche war es, englische Offiziere flachzulegen, ausschließlich britische und zwar aus der upper class, so welche, die auf keinen Fall beim Vögeln ertappt werden wollten. Nach ein, zwei Tagen begriff ich. Ich hätte nicht gewagt zu fragen, ob ich mit auf ihr Zimmer kommen darf. Das war heikel. Dann schlug sie selbst es mir vor.

«Hör mal», sagte sie, «mit deiner Medaille siehst du gut

aus, du machst dich gut. Weißt du, was ich gestern Abend gedacht hab, als ich mit Destinée ins Bett gegangen bin ... Nein ... Na, ich hab gedacht, du kriegst das sicher gut hin, einen Skandal ... spielst meinen Mann ... Hab ich in Paris auch gemacht, mit Dédé ‹Kleinhand›, das funktioniert immer, richtig gut.»

Ich ließ sie erklären.

«Also, ich zieh mich aus, wie immer, dann darf der Kunde sich bisschen an mir reiben ... Wenn er hart ist, richtig hart, lutsche ich ihn ... Und dann ganz auf einmal kommst du rein, ohne anzuklopfen. Ich habe extra nicht abgesperrt, hab nur so getan als ob. Ich sag oh Scheiße! mein Mann ... Die Engländer, die kriegen so einen Mordsschiss ... Einer, mit dem ich das im Olympia gemacht hab, dem ist richtig schlecht geworden ... Dann bieten die selber Geld an, sie selbst, brauchst dich nicht mal bemühen, sie kommen von alleine drauf ... Die Nummer hab ich mit Dédé sicher zwanzigmal durchgezogen, ich sag dir, das funktioniert todsicher ... Keiner ist so dämlich wie ein Engländer, wenn er ihm steht ... Sind alle total dämlich, wenn sie dich reinkommen sehen. Wissen nicht, wie sie erklären sollen, dass sie einen Ständer haben. So was von lustig. Ich tue einen auf überrascht. Ich schreie, kugle mich heimlich vor Lachen. Wie im Film. Wirst schon sehen. Oder willst du nicht ... Du wirst es nicht bereuen, aber ich entscheide selbst, wie viel du abkriegst ...»

«Geht in Ordnung!», meine ich.

Ich war ja auch für die Befreiung von der ehelichen Gemeinschaft. Ich hatte es satt, gelackmeiert zu sein, zertrümmert vom Kopf bis zu den Gedanken, vom Ohr bis zum Arschloch, ich wollte mich reparieren, egal wie.

«Ich kümmer mich um dich. Ich lass dich ficken, wie du es noch nie ... Wenn du nett bist, wenn du folgsam bist, darfst du mir die Möse schlecken, wie ichs mag ... Wie wenn wir verheiratet wären. Aber ich bin zwei Jahre älter als du, ich sag, wos langgeht ...»

Sie hatte was Verlockendes in den Wörtern, die sie benutzte, als ich das hörte, hüpfte ich innerlich vor lauter Freude. Ich konnte mich kaum halten. Solange es Laster gibt, gibt es auch Vergnügen. Trotzdem verwendete ich einen kurzen Gedanken an Cascade, den Kerl, und dann drehte ich mich um, und weg war er, der kurze Gedanke. Jetzt galt alles Angèle, alles dem Ficken. Das war der Weg zum Heil. Abgesehen davon war das nicht der Moment, mich in Skrupeln zu ergehen. Diesmal würde ich die Erziehung in diesen Dingen bis zum Schluss mitmachen. Der Schlag, der mich so schwer getroffen hatte, hatte mir sozusagen ein Riesengewicht vom Gewissen genommen, das der Erziehung, wie man so sagt, das war doch immerhin ein Gewinn. Ah! Genau betrachtet, hatte ich kein Gewissen mehr. Ich hatte es so satt, mich von einem Tag zum andern durchzuschleppen mit zermatschtem Schädel und vor allem von einer Nacht zur andern mit der Fabrik im Kopf und Gefühlen wie an einem Fallschirm. Der Menschheit war ich nichts mehr schuldig, jedenfalls nicht derjenigen, an die man mit zwanzig glaubt mit Skrupeln so fett wie Kakerlaken, die zwischen sämtlichen Gehirnen und Dingen rumwuseln. Angèle kam gerade recht, um meinen

Vater zu ersetzen und sogar Cascade, der ja doch was von Vorkriegszeit an sich hatte, sag ich mal so. Angèle war ein Genussmensch, sie hatte einen Geschmack am Fremden, am Austausch.

Gut. Wenn ich an Cascades Stelle treten sollte, musste ich von Anfang an zeigen, dass ich auf der Höhe war, also sehr viel hemmungsloser. Ich überlege, dann wage ich mich vor.

«In Ordnung», sage ich zu ihr, «kannst auf mich zählen, für alles.»

Sie nimmt mich mit auf ihr Zimmer, also das von Destinée, um mir zu erklären, was ich wann zu tun hatte, kurz, sie macht mich mit der Szenerie vertraut. Ich sollte an die Tür links vom Bett klopfen, zwischen Klo und Schrankkoffer. Das war eigentlich ein Wäscheschrank, in dem es nach Schweiß roch. Das Schlafzimmer war ziemlich ärmlich, aber das machte die Treffen nur umso erregender, sagte sie.

«Weil, verstehst du, bei sich zu Haus haben die Leute eh zu viel Luxus ...»

Als Garantie für mich zieht sie sich erst mal aus. Das erste Mal, dass ich sie in Mieder und Unterhosen sehe. Ziemlich gut geformt so nackt und nicht sehr groß, eher handlich sogar, zierlich insgesamt, aber knackig. Ich seh gleich, was bei ihr Sache ist. Neben den Augen ist die Haut ihr großer Trumpf. Wie das Licht auf der Haut von den Rothaarigen spielt, das ist der Himmel für einen Schwanz. Eine Fata Morgana, der kommt nichts gleich. Verschiedenen Weibern kann man ja noch widerstehen, man hat so seine Wege, sich notfalls gegen die Lichtwellen auf der Haut einer Blondine zu wehren, einer besonders samtigen Brünetten, also gegen fleischige, gut gebaute, die will man so gern berühren wie das Leben selbst, mit allen Fingern, so eine widersteht ein wenig, sie ist fest, eine paradiesische Frucht, ganz klar. Grenzenlos ist das, aber wenn man seine Gegenwehr ein wenig entwickelt hat ... So eine Rothaarige dagegen geht gleich aufs Tier in dir los. Es kommt raus, es fragt nicht nach mehr, es hat seine Schwester erkannt, es ist zufrieden.

Da lutsche ich die Angèle also schon mitten auf der Matratze. Davon dröhnte es mir auch, große Anbrandung von Gepoche. Als müsste ich krepieren. Trotzdem kam sie mir, einmal, zweimal ohne Pause. War noch gar nichts für sie. Ich beiße ihr innen in die Schenkel. So als kleine Strafe. Und da wird es für sie erst richtig vergnüglich. Trotzdem konnte ich nicht mehr. Ich steh auf, muss bisschen kotzen. Tu so, als ob ich nur spucken würde.

Den Trick mit dem Wandschrank musste ich aber lernen. Es war schon fortgeschrittener Abend. Wir schauen noch mal aus der Ferne auf die Place Majeure, auf der immer noch Leben herrschte, das ganze Gewimmel kreisenden Fleisches zwischen den Sirenen. Beim englischen Generalstab brannte Licht. Dabei war das verboten.

«Vergiss nicht, morgen hier um eins. Du wartest auf der Bude, bis ich mit einem hochkomme. Auf der Straße dürfen wir uns nicht zusammen blicken lassen. Wenn du auf der Treppe Schritte hörst, sperrst du dich da rein und schaust durchs Loch. Wenn ich nackig bin und er in Stellung, klopfst du und kommst reingestürmt, schaust ganz überrascht ... Der Rest geht von ganz allein, wirst schon sehen.»

Ich schau zu, dass ich schnell zurück in meinen Pavillon komme. Das war schon auch ziemlich ungemütlich, so ganz allein hinten im Garten isoliert. Ich konnte kaum Pläne machen, so viel gab es noch zu befürchten. Die L'Espinasse kam, mir den Verband wechseln und die Ohrentropfen verabreichen. Draußen waren Wind und Gewitter, und die Hunde heulten, als sie wieder ging. Muss man sich mal vorstellen, so eine Situation.

Ich klammerte mich am Kissen fest, um einzuschlafen. Es war immer eine ganz gewaltige Mühe, der Angst zu widerstehen, ich könnte womöglich nie wieder schlafen, nie mehr wegen dem Gedonner, das seinerseits nie wieder aufhört, erst mit dem Leben gemeinsam. Entschuldigung. Ich erzähl das immer wieder, aber so geht das Liedchen eben. Was solls, keine Trübsal jetzt. Am nächsten Tag, wie gesagt, war ich da, also drinnen, zwischen Schrankkoffer und Klo. Lang musste ich nicht warten, ein Stündchen vielleicht, da, eine sanfte Stimme von angenehmem Timbre, wie man so sagt. Ich riskiere einen Blick. Ein Schotte, er zieht seinen Rock aus, ist im Handumdrehen nackt. Ein Rotschopf er selbst auch, und muskulös, wie ein Pferd. Er legt langsam los, ohne ein Wort. Wie ein Rotfuchs auf ihr. Geht ganz einfach. Im Schritt, im Trab und im Galopp, dann springt er über ein Hindernis, ein Stoß mit dem Hintern, noch einer, nicht allzu heftig, er fickt sie aufs Schönste. Sie zieht eine Grimasse, weil er sie so stößt. Ich hab ja gesagt, sie war zierlich. Sie schaut zu mir rüber. Heh, heh, macht sie mit dem Mund.

Sie grimassiert noch mehr. Sie kann nicht anders, ihr kommt es auch, ihm ebenso. Er presst ihre Hinterbacken so fest dabei, als würde sie ganz an seinem Bauch hochrutschen, derart packte er sie.

Seine Hände faszinieren mich besonders, während er zu Werke geht, wie Klammern auf Angèles Haut, weit geöffnete Klammern, muskulös, behaart wie der Rest. Ich hätte aus dem Schrank springen müssen, in dem Moment einen auf empört tun, das war meine Chance. Vor allem, weil er jetzt, wo er gekommen war, eine ganze Weile innehielt, immer noch ohne ein Wort, den Schwanz an der Luft, er schnaufte nur wie einer, der zu schnell gerannt ist. Ich frage mich, wie der wohl reagieren würde?

Und schließlich besteigt er die Kleine wieder, kaum dass er zu Puste gekommen ist. Sie schnaufte selber noch. Er voll in sie rein. Sie reagiert kaum mehr, so gewaltig war dieser Schotte. Sogar tief in meinem Kasten hörte man von fern noch die Kanone, auf beiden Seiten der Stadt jetzt. Ich hatte selbst einen Ständer. Es dröhnte mir. Ich erstickte fast in meinem Verschlag, zumal vorgebeugt, um sie zu zu sehen. Ich fragte mich, ob er die Kleine womöglich kaputt machte, derart sagenhafte Hüftstöße verpasste er ihr, der Kraftkerl. Aber nein. Sie ließ sich am Ende tragen wie ein Paket. War ungeheuer elastisch. Wimmerte nur ein bisschen! Jetzt hatte er sie sich auf den Bauch gedreht, also er auf dem Rücken. Sie war blass. Ich war von dem Schauspiel so gebannt, dass meine Tür urplötzlich von selbst aufging auf ihr Toben, gleich vor mir. Ich denke, das endet übel. Der kräftige Kerl, der wird mich doch hören ... Aber nichts. Kein Tönchen. Er beackert die Angèle nur weiter. Schlimmer vielleicht, weil ich ihn sah. Das brachte mich aus der Fassung, zugegeben. Die Kleine lag auf dem komplett nackten, voll behaarten Kerl, fast bewusstlos. Sie reagierte nicht mehr. Ließ sich mit einem Schnaufer beuteln. Dieser Mann, der hatte seit Monaten nicht gefickt. *Hoppala!* Er verpasst ihr noch einen kurzen Galopp. Sie versuchte ihn abzuschütteln, um zu schreien. Er erstickte das mit seinem Mund. Endlich kam er noch mal mit einem großen brutalen Stoß, weit durchgestreckte Beine, als hätte man ihm was tief ins Arschloch gerammt.

Ich dachte, jetzt bringt er sie um, derart kam es ihm. Auf beiden Seiten der Hinterbacken tiefe Furchen, so krampfte er sich in die Kleine. Und dann ganz sachte entspannte er sich, als ob er selber tot wär, und lag da ganz weich, sicher drei Minuten unter ihr. Ich rührte mich nicht. Er ächzte, dann schaute er zu mir rüber und lächelte recht freundlich. Vollkommen ungestört. Er setzt einen Fuß auf den Boden, schon steht er da, zieht sich beim Fenster an und richtet immer noch kein Wort an mich. Er stöbert in seiner Tasche, holt eine Pfundnote raus, drückt es der Kleinen in die Hand, die immer noch wie betäubt auf dem Rücken liegt, noch nicht wieder bei Sinnen.

Wie sie den Geldschein befühlt, kommt sie zu sich und schaut uns beide an. Da staunte sie. Der Schotte war wieder angezogen mit seinem Rock, seinem Wehrgehänge und seiner leichten Gerte, hochzufrieden. Er bückt sich, um sie zu küssen, küsst sie und sagt immer noch nichts und geht. Schiebt die Tür schön sachte zu. Ein Typ, der sich nicht stören ließ. Angèle konnte kaum aufstehen. Sie betastete sich den Unterbauch mit beiden Händen. Ging vorsichtig zum Bidet, um sich die Scheide zu spülen. Sie keuchte immer noch, ich auch.

«Das war ja das reinste Gewitter», sage ich, poetisch wie stets.

«Möglich», antwortet sie, «aber du bist ein Vollidiot.»

Was soll man da sagen.

«Morgen», meint sie, «wartest du nicht in dem Schrank. Sondern unten auf der Ecke gegenüber, auf der Terrasse vom L'Hyperbole, und schaust nach dem Fenster, ob ich den Vorhang zuziehe, ja? Und dann kommst du hoch ... Ohne zu klopfen. Stößt einfach die Tür auf. Verstanden?»

«Ja», mein ich.

«Dann hau ab.»

Ich will sie küssen.

«Hier, friss seinen Saft.»

Und holt sich eine Handvoll raus ... Ich wollte es nicht erzwingen, wollte sie aber auch nicht beleidigen, wer war ich schon.

Ich hatte auch keine gute Nacht. Fragte mich, ob ich ihre Nummer mit dem Kunden noch ein zweites Mal vergeigen würde und wie Angèle dann reagierte. Angèle war meine ganze Hoffnung.

In Peurdu-sur-la-Lys stellte sich jetzt die Frage, ob man nicht alle Kranken und Verwundeten evakuieren sollte, vor allem diejenigen, die schon gehen konnten. Die Stadt war wirklich nicht mehr sicher. Auf der Place Majeure herrschte ständig Schwindel wegen den Explosionen. Die Tränke war zerstört. Die durchziehenden Regimenter, so genau hatte der Feind den Ort im Blick, beeilten sich, stürzten in die angrenzenden Gassen wie bei einem Feuer. Schlimmere Panik als in der Schlacht, dazu noch fröhliches Lachen, weil die Cafés bis zur letzten Minute geöffnet hatten. Ich habe einen gesehen, einen Zouaven, den hat es im L'Hyperbole bis zum Tresen gepustet, weil draußen ein Trupp Soldaten von einer Bombe unter die Bogengänge geschleudert wurde. Der Typ konnte gerade noch einen Weißwein mit Sirup bestellen! Da klappt er zusammen. Erledigt. Nicht mal an den Tischen war man mehr sicher. Bloß schnell trinken. Ich red nicht weiter drüber.

Am nächsten Tag um 1 Uhr, noch davor, beziehe ich Stellung, wo Angèle gesagt hatte. Ich warte die Dinge ab. Gerade war es zufällig fast ruhig. Hier die Mannschaften mit nie versiegendem Durst, immer neue kommen durch, kleine wacklige Laster, die ganze Armeen transportieren, bis zum Ende der Kriege, hier ein Rad, genauso wacklig wie das Rad daneben, da eine abrutschende Kette, da zwei Klepper, die immer gemeinsam bocken, zweitausenddreihundert Achsen, die nach Schmierfett kreischen, da jener Widerhall wie von Hagel, der die ganze Straße verstopft, solange er nicht vorüber ist. Dann erlischt der ganze Radau, bis auf ein wieherndes Pferd.

Eine Stunde vergeht. Ich denke schon, diesmal wird Angèle es nicht ausbaden müssen. Die Zeit des Mittagsschlafs ist vorüber, in der die Engländer gern vögeln, abends sind sie zu besoffen. Dabei kamen ziemlich viele Leute aus dem englischen Generalstab, sie standen gut im Futter. Dicke, Alte, Junge, alles, zu Pferde, zu Fuß, sogar im Automobil. Vielleicht bin ich abgemeldet?, dachte ich ganz einfach.

Noch eine Stunde lang schaute ich mir das alles an. Da kommt Destinée. Sie begriff es auch nicht. Ich erkläre nichts. Sie zieht mir zärtliche Gesichter. Na schön.

Gut. Jetzt bewegt sich der Vorhang im zweiten Stock, kein Irrtum. Ich beeile mich, wie es nur geht. Ich hatte einen großen Entschluss gefasst. Widerstehe sogar dem Schwindel. Ein Stockwerk. Zwei. Ich klopfe nicht an. Sondern stürze rein. Der Typ im Bett auf Angèle macht einen Satz. Es war ein Alter, er trug nur noch eine khakifarbene Unterhose. Obenrum war er schon nackt. Sein Gesicht zeigte den Schreck. Meins auch. Wir waren beide erschrocken. Angèle lachte sich eins.

«Das ist mein Mann!», sagte sie kichernd. «Das ist mein Mann!»

Eins, zwei, fix, stopft er seinen Schwanz zurück in den Hosenschlitz. Er zitterte von oben bis unten, ich auch. Er war zu erschrocken, um zu bemerken, dass wir Theater spielten. Er hatte Angst, da wurde ich frech.

«Money! Money!», ruf ich. «Money!», zitternd und mutig.

Angèle ließ nicht locker:

«Mein Mann! ja! mein Mann! my husband! my husband!»

Sie lag da, die Beine weit gespreizt, auf dem Bett mit idiotischem Gefuchtel. Sie betonte übermäßig das band in husband, das Wort hatte sie sich sofort gemerkt.

«Das ist mal ein Dickerchen. Hau ihm auf die Fresse, Ferdinand», feuerte sie mich auf gut Französisch an.

Schon klar, für einen Anfänger wie mich war der ein Geschenk. Kein Tag ist wie der andere. Ich hole aus, eine Linke, nicht zu fest. Klebe ihm ordentlich eins auf die Wange. Im Grunde habe ich Angst, ihm wehzutun.

«Hau drauf, Blödmann», sagt sie zu mir.

Ich fange wieder an. Es war einfach, er wehrte sich nicht. Er hatte weiße Haare, war mindestens fünfzig. Ich verpasse ihm eine mitten auf die Rübe. Er blutet. Da legt die Angèle eine andere Platte auf. Sie weint los. Wirft sich ihm an den Hals.

«Beschütze mich, beschütze mich», flüstert sie ihm zu. «Nimm mich jetzt. Fick mich jetzt», ganz leise zu mir, «Idiot. Fick mich.»

Ich zögere.

«Tu, was ich dir sage, Arschkanone. Hol den Schwanz raus.»

Ich hole ihn raus. Aber sie hängt dem Kerl immer noch am Hals. Sie umarmt ihn, ich sie. Sie legt sich zurecht, dass ich sie stoßen kann. Heult ihm das Gesicht voll. Sie kommt wie ein Springbrunnen. Ihm machte das alle denkbaren Gefühle, muss man schon sagen. Er hielt sich die Nase. Sie fummelte ihm am Hosenschlitz herum. Wir keuchten alle drei.

«Jetzt hau mir ein paar runter», kommandiert sie mich.

Das konnte sie haben, aus ehrlichem Herzen. Ich lang ihr ein paar, ein gutes Dutzend, so, dass es einen Esel umgehauen hätte. Und er denkt, jetzt geht das Morden weiter.

«Nein! Nein!», ruft er.

Er springt zu seinem Waffenrock auf dem Stuhl. Zeigt mir seine Knete, eine Handvoll Scheinchen.

«Nimm das nicht», sagt sie zu mir. «Zieh dich an und hau ab.»

Ich knöpf mich zu und richte alles. Da bestand er drauf, wollte unbedingt, dass ich was nehme. Ich verstand nicht, was er sagte. Es dröhnte mir zu sehr. Ich geh zum Toiletteneimer, kotzen. Er steht mir mitleidig bei, hält mir den Kopf, überhaupt nicht nachtragend.

Angèle sprach englisch. Sie erklärte ihm:

«My husband. His honour, macht ihn krank! krank! sick! ...»

Ich musste schon wieder lachen beim Kübeln. Der Typ war behaart bis zu den Schultern. Ganz graue Brust allerdings. Wusste ganz klar nicht, wo er seine Augen lassen sollte.

«Pardon! Pardon!», bat er mich.

Ich ging, ohne ihm zu verzeihen, ganz Würde. Wartete eine halbe Stunde auf der Treppe. Dann ging ich in mein Quartier, konnte nicht mehr warten. Hielt mich nicht mehr auf den Beinen. Hauptsache, das klappt, dachte ich.

Nach der Suppe kommt Angèle in eigener Person, und lächelnd. Das beruhigte mich wieder.

«Wie viel hat er dir gegeben», fragte ich.

«Geht dich nichts an», meint sie, «aber alles in Ordnung.»

Trotzdem war sie blass, fällt mir auf.

«Vor allem ist das keiner, wie man denkt, dieser Engländer, das ist ein besserer Mensch!»

«Aha!», meine ich. «Wie hast du das entdeckt?»

«Wir haben uns unterhalten, fertig.»

Sie bedeutete mir, dass ich die Feinheiten nicht begriff.

«Und? Was hast du beschlossen?»

«Also, nachdem du weg warst, hab ich ihm erklärt, dass du ganz und gar böse bist! Dass du mich quälst! Dass du eifersüchtig bist, verdorben wie nur was! ... Je mehr ich erzählt hab, desto mehr wollte er hören ... Also hab ich rausfinden wollen, ob er richtig reich ist. Nicht so leicht, stimmt. Wenns ums Geld geht, lügen sie immer ... Aber ich hab es trotzdem wissen wollen, bevor ich mich für diesen Affen entscheide, denn stell dir bloß vor, er hat mir sofort vorgeschlagen, dass er mich nach England mitnimmt ...»

«Was du nicht sagst!»

«Und dann will er mir da drüben eine Existenz aufbauen. Was denkst du, wie alt ist der ...?»

«So fünfzig.»

«Zweiundfünfzig, er hat mir seine Papiere gezeigt und alles. Ich hab ihn alles vorzeigen lassen. Er ist engineer ... Von den Pionieren ... Ingenieur in Wirklichkeit, und noch viel besser, er besitzt in London drei Fabriken, so sieht das aus.»

Ich sah, dass die Angèle hochzufrieden war, stellte mir aber schon vor, wie sie endgültig abhaute.

«Und ich?»

«Er nimmt es dir nicht übel! Ich hab ihm klargemacht, dass du im Grunde ein guter Kerl bist, bis auf deine Fehler und die Brutalität, dass du dir das im Krieg angewöhnt hast, dass man es dir nachsehen muss, weil du am Ohr und am Kürbis so schlimm was abbekommen hast, und dass du sogar der Tapferste von deinem ganzen Regiment gewesen bist, Beweis, du hast diese Medaille. Er will dich wiedersehen ... Will auch was für dich tun ...»

«Scheiße.»

Ich begriff nicht mehr.

«Morgen um drei treffen wir uns alle in der Kneipe, wo der Kanal aus der Stadt rauskommt, du weißt schon, an der Schleuse. So, auf gehts, wichs dich gemütlich, adieu, ich will Destinée nicht warten lassen, die hat Angst im Dunkeln und sperrt unten die Tür zu.»

Und weg.

Noch fünfzehn Stunden verbringen, denke ich, bis zu dem Treffen. Ich gehe lieber nicht mehr raus. Ich spürte, wie draußen ringsum das Schicksal so zerbrechlich war, wie Risse überall im Dielenboden, in den Möbeln, wenn ich in der Bude rumging. Am Ende rührte ich mich nicht mehr. Wartete. Gegen Mitternacht raschelt Stoff im Flur, das war L'Espinasse.

«Geht es Ihnen gut, Ferdinand?», fragt sie hinter der Tür.

Was soll ich dir da sagen, frag ich mich. Was soll ich dir sagen? Mit einem ganz kleinen Stimmchen, fast schlafend:

«Es geht mir gut, Madame», sag ich, «es geht mir gut ...»

«Dann gute Nacht, Ferdinand, gute Nacht.»

Sie kam nicht rein.

Anderntags am Kanal geh ich vor der kleinen Terrasse lang und vor der Kneipe. Bis zur Schleuse, da bau ich mich hinter der Pappel auf, gut fünfzig Meter weiter, unsichtbar. Ich beobachte. Will im Hintergrund bleiben. Erst mal schauen. Ich warte. Ich konnte mich allmählich der Natur bedienen, es ist eine Frage des Wartens. Sie kommt als Erste, kommt an und setzt sich. Bestellt sich ein Radler. Merkwürdig, was 14 Mode war, hat sich nicht lang gehalten. War 15 schon wieder ganz das Gegenteil. Ein runder Filzhut, sah aus wie ein Helm, den hatte sie sich bis auf die Augen gedrückt mit einem Schleier, der ließ ihre Augen noch größer wirken, es gab nichts mehr sonst in ihrem Gesicht. Sie quälten mich, diese Augen, sogar aus der Ferne, wo ich jetzt war. Gar keine Frage, Angèle hatte ihren Einfluss auf die geheimsten Regungen der Seele, wie man sagt.

Dann kam das andere Arschloch auch, der Engländer, «Enjeniehr», schön langsam über den Treidelpfad. Er hatte tatsächlich einen kleinen Bauch. Seltsam, angezogen sah man ihm die 50 mehr an als nackt.

Die Uniform war khakifarben wie bei den anderen engineers, außerdem schien er zum Generalstab zu gehören, mit dem roten Band an der Mütze, dazu natürlich das Wehrgehänge, und seine Stiefel, die kosteten mindestens 500 Francs.

Er setzt sich Angèles Augen gegenüber, und sie plaudern los. Als sie eine Weile geredet haben, gehe ich hin, humpelnd, so richtig als Verwundeter. Ich sehe ihn ungerührt an, er wirkt völlig in Ordnung und sogar vollkommen gutmütig. Ich setze mich dazu. Mache es mir gemütlich. Er schaut mich zärtlich an, muss ich schon sagen. Angèle auch. Nach einer Weile fühle ich mich wie ihr Kind. Wir bestellen vier Dosen Bier und für mich eine komplette Mahlzeit. Sie verwöhnen mich beide. Kurz denke ich daran, wie Cascade direkt hier gegenüber versucht hat, sich zu ertränken. Ich hole diese Erinnerung aus meinem Schlamm. Ich verstecke sie. Ich sage nichts. Angèle ist ja doch sehr vergesslich. Der Major fragt mich nach meinem Namen. Ich sage ihn. Er sagt mir seinen. Cecil B. Purcell heißt er, Major Cecil B. Purcell K.B.B.[25] Er gibt mir seine Karte, da steht es. Er gehört zum Enjeniehr-Corps, steht auf einem anderen Papier. Sein Geldbeutel ist voll, prall von Scheinen. Ich schiele rüber. Was ich da sehe, würde reichen, zwölfmal um die Erde zu reisen und immer noch wieder, dass keiner Sie mehr finden kann.

«Stell dir bloß vor, Ferdinand. Onkelchen will uns beide nach England mitnehmen.»

So nennt sie ihn seit gestern, Onkelchen.

Er kriegt feuchte Augen, als er mich weiter anschaut. Er mag mich offenbar. Sie schaut ihn an, wie er mich mag. Wir haben einen guten Griff getan, keine Frage.

Die wunderschöne Sonne der guten Gelegenheiten leuchtet auf beiden Seiten des Kanals. Der Sommer bereitet uns ein Fest, umfängt uns mit seiner Glut.

Noch ein Bier. Ich bin zu allen Seiten von Fürsorge umgeben. Wir drei nuscheln uns was zurecht in der Wärme, tätscheln uns die Schultern, alles ist Zuneigung und schöne Freundschaft. Ich stottere inzwischen ganz einfach und natürlich, wirke ordentlich betrunken. Ich brauch mich nur von meinen Erscheinungen tragen zu lassen und meinen kleinen persönlichen Erinnerungen, es läuft ganz wie von selbst. Im Handumdrehen werde ich ins Unwirkliche getragen mit meinem Wildbach an schäumend gezapfter Musik.

K.B.B. Purcell wuschelt mir durchs Haar. Er ist auch vergnügt. Alles geht gut. Angèle behauptete ihren Platz hervorragend.

«Halt dich ran, Ferdinand», flüstert sie mir zu, als wir aufstehen, «übermorgen hauen wir ab. Erzähl deinem Rabenaas da, dass du deine Erholung in London fortsetzen willst, er hier ist deine Familie, er sorgt für dich.»

Alles so abgemacht.

Ich hatte tatsächlich alles zusammen im Blick. Bei England erinnerte ich mich zwar nicht an die günstigsten Umstände, aber es war immer noch besser gewesen, als was man mir seither zu schmecken gegeben hatte.

«Gut!», sage ich.

Ich bin auch zufrieden, ich führe die beiden. Untergehakt schlendern wir zum Treidelweg, stützen uns gegenseitig. Weit gehen wir nicht. Purcell zwischen uns beiden. Wir lassen uns auf dem Gras der Böschung nieder. Von hier aus sieht man die Schleuse gut, wo Cascade seinerzeit ... Na ja ... Sein Lied kommt mir in den Mund:

Ich weiß ...
Wie hübsch Sie sind ...
Ihre Augen so süß, ach ja, mein Kind ...

Purcell hörte mich gern singen. Er mochte alles an mir. Das traf mich in der Seele. Mehr als zwei Strophen konnte ich nicht. Purcell wollte alles lernen, wir sollten es ihm aufschreiben.

Die verfluchte Kanone hörte nicht auf. Wenn sie schwieg, produzierte ich sie mir innerlich selbst. Noch heute kann ich Kanonendonner perfekt imitieren. Trotzdem hörte sie an dem Abend auf.

«Küss sie», sagte ich zu Purcell, «küss sie», als wir uns trennten.

Und das war ernst gemeint, ich kann nicht das Gegenteil behaupten. Es gibt Gefühle, denen muss man einfach nachgeben, sie könnten die Welt verjüngen, das sage ich. Wir sind Opfer der Vorurteile. Man wagt es nicht, man wagt nicht zu sagen Küss sie! Dabei sagt das alles, es enthält das Glück der Welt. Purcell war auch derselben Meinung. Wir schieden als gute Freunde. Purcell war meine Zukunft, mein neues Leben. Wieder zu Hause, erklärte ich alles der L'Espinasse. Ich suchte sie dafür eigens im Virginal Secours auf. Sie zog ein verdrießliches Gesicht. Aber da schlug ich andere Töne an ... In der kleinen Bude verteidigte ich mich, wahrscheinlich zum ersten Mal in meinem Scheißleben. Ich hatte keine drei Stunden zu verlieren.

«Ich brauch ihn», sagte ich. «Ich brauche ihn, oder ich erzähle auf der Kommandantur, dass Sie an den Toten rumknabbern.»

Ich hatte keine Zeugen. Ich war einfach dreist. Sie hätte mich selbst wegen übler Nachrede rauswerfen können. Kein Einziger von den Bettscheißern im Saint-Gonzef-Saal hätte für mich ausgesagt. Sie hatten nichts gesehen. Sie wussten ganz sicher nichts. Außerdem hatten sie mich auf dem Kieker wegen meiner dämlichen Medaille und den Freiheiten, die ich erworben hatte.

«Wenn du mir nicht ein halbes Jahr Urlaub verschaffst, hörst du, ein komplettes halbes Jahr, dann hab ich nichts mehr zu verlieren ... So wahr ich Ferdinand bin, ich finde dich, wo du dich auch versteckst, und steck dir meinen Säbel in den Bauch, dass man ihn nicht wieder rauskriegt. Verstanden?»

Und das hätte ich wirklich getan. Ich musste meine Zukunft verteidigen.

«Für England!», fügte ich hinzu. «Für England.»

«Daran denken Sie doch nicht, Ferdinand?»

«Ich denke daran. Ich denke daran. Ich denke an nichts anderes.»

«Was wollen Sie da drüben machen, Ferdinand?»

«Kümmer dich um deine eigenen Titten», antwortete ich wie Cascade.

Eine eigenwillige Art, sie anzusprechen, aber die Kleine hat gespurt.

Zwei Tage später brach ich nach Boulogne auf, mit einem schönen Passierschein. Am Bahnhof traute ich dem Frieden nicht. Als ich an Bord ging, traute ich dem Frieden nicht. Es war zu schön. Sogar die Lärmfolter war auf einmal aufregend. Nie, niemals hatte ich etwas so ganz und gar Großartiges gehört wie die Sirene des Schiffes quer durch mein Ohrgetöse. Da lag es am Kai, das Schiff, für mich. Das Monster paffte. Purcell und die Kleine mussten schon seit dem Morgen in London sein. In London war kein Krieg. Obwohl, auch hier hörte man die Kanone nicht mehr. Das heißt, höchstens manchmal ein oder zwei vereinzelte *Bumm*, sehr gedämpft, ganz weit hinten, weiter entfernt als der Horizont des Meeres, hinter dem Himmel, wollte man meinen.

Auf dem Schiff waren viele Zivile, das gab mir Sicherheit, sie redeten wie zu den Zeiten, bevor wir zum Tode verurteilt waren, redeten von irgendwas. Stellten ihr kleines Gepäck ganz bequem für die Überfahrt ab. Seltsam ist es und sehr berührend, das Schiff zu sehen, und wieder die Sirene, das gute, das schöne, das dicke Schiff. Es wackelte, der ganze Rumpf, erzitterte vielmehr. Die Oberfläche des Hafenbeckens erzitterte gleich mit. Wir glitten an den schwarzen Docks, an den Molen entlang. Dann kamen die Wellen. *Hopp!* stiegen wir auf. *Hopp!* ... stärker! ... gings wieder runter. Es regnete.

Siebzig Francs hatte ich für die Reise, das weiß ich noch. Agathe[26] hatte sie mir vor ihrer Abfahrt in die Tasche genäht. Die gute Agathe dann doch. Wir sollten uns wiedersehen.

Die beiden Molen wurden ganz winzig über der kabbeligen Gischt, eine Zange um den kleinen Leuchtturm. Die Stadt kauerte sich dahinter. Dann verschmolz auch sie mit dem Meer. Und alles kippte in die Kulisse der Wolken und die gewaltige Schulter der offenen See. Vorbei die ganze Sauerei, Frankreich hatte seine ganze Landschaft, diesen Misthaufen, verteilt, Millionen stinkender Mörder bedeckt, seine Wäldchen, seine Kadaver, seine zigfach verkackten Städte und seine unendlichen Scheißschwärme von Todesstacheln. Das war alles weg, das Meer hatte alles erobert, alles überdeckt. Es lebe das Meer! Es kam für mich nicht mal mehr infrage zu kotzen. Ich konnte gar nicht mehr. Ich hatte sämtlichen Taumel eines Schiffs in meinem eigenen Inneren. Der Krieg hatte mir ein eigenes Meer gegeben, ein grollendes, ein grandios lärmendes in meinem eigenen Kopf. Es lebe der Krieg! Dann war die Küste erledigt, vielleicht noch ein ganz feiner Streifen, hauchdünn, ganz hinten am Ende des Windes. Links von dem Ponton war noch Flandern, man sah es nicht mehr.

Destinée habe ich tatsächlich nie wiedergesehen. Auch nie wieder was von ihr gehört. Die Besitzer vom L'Hyperbole haben sicher ein Vermögen gemacht und sie rausgeworfen. Merkwürdig, es gibt so Wesen, die sind beladen, sie kommen aus der Unendlichkeit, schleppen ihr großes Gefühlsgepäck vor einen hin wie auf dem Markt. Sie sind nicht misstrauisch, packen irgendwie ihre Ware aus. Wissen nicht, wie sie die Sachen gut darbieten sollen. Natürlich hat man keine Zeit, darin herumzuwühlen, man muss weiter, man dreht sich nicht um, man ist selbst in Eile. Das macht ihnen sicher Kummer. Packen sie vielleicht wieder ein? Verschleudern was? Ich weiß nicht. Was wird aus ihnen? Das weiß niemand. Vielleicht brechen sie wieder auf, bis ihnen nichts mehr bleibt? Und dann, wohin dann mit ihnen? Das Leben ist ja doch gewaltig. Man geht sich überall verloren.

Editorische Notiz

Diese Übersetzung folgt der im Mai 2023 erschienenen, ausführlich kommentierten kritischen Ausgabe in der Klassikerreihe der Pariser Éditions Gallimard:

> Louis-Ferdinand Céline, *Romans. 1932–1934*
> Hrsg. Henri Godard in Zusammenarbeit mit
> Pascal Fouché und Regis Tettamanzi. Paris 2023,
> Éditions Gallimard, Bibliothèque de la Pléiade Nr. 157.

Diese Übersetzung ist eine Ausgabe für das allgemeine Lesepublikum, keine akademisch-philologische. Darum wird auf den umfangreichen Anhang des Originals verzichtet und sind die Anmerkungen auf ein Minimum beschränkt (wo diese sich eng an die des Originals anlehnen, wird mit «vgl. Godard e.a. 2023, p. x, Anm. y» darauf verwiesen).

Für teilweise schwer oder gar nicht lesbare Stellen des 2021 aufgetauchten Manuskripts haben die französischen Herausgeber mögliche Lesarten angegeben. Die dort in eckigen Klammern angebotenen Lösungen übernehmen wir hier unmarkiert, jedoch nur dann, wenn sie sich sinnvoll in den Erzählungsfluss einfügen.

Die abenteuerliche Geschichte des zugrunde liegenden Manuskripts und zahlreicher weiterer Texte von Céline schildert Niklas Bender in seinem Vorwort, wo er *Krieg* auch in den Gesamtkontext der Werke des Autors einordnet.

Verzichtet haben wir auf Details zu Querverbindungen mit anderen Werken Célines oder zu uneinheitlichen Figurennamen bzw. anderen Daten (z.B. wechselnde Regimentsnummern), zu Übereinstimmungen mit oder Abweichungen von tatsächlichen Kriegsereignissen, geografischen oder biografischen Gegebenheiten. Darüber gibt die Originaledition ausführlich Auskunft.

Wir übernehmen den Text des Romans unkommentiert, wozu auch – wie schon in den anderen Céline-Übersetzungen seit der Neuübersetzung von *Reise ans Ende der Nacht* 2003 – die sprunghafte Zeitenverwendung des Autors gehört, selbst wenn sie hier teilweise Merkmal eines noch nicht fertig bearbeiteten Manuskripts sein mag.

Zur Nummerierung der Kapitel:

Das unvollständig erhaltene Manuskript von *Guerre* (s. Vorwort) liegt in von den französischen Herausgebern *séquences* genannten Teilen vor, in «Abschnitten». Im Original beginnt die Nummerierung mit 10 – das ist der Anfang mitten im Text, «Nicht so ganz.» – und geht mit 1 und 2, dann 2', 3, 4 weiter; die Herausgeber folgen damit Célines eigener diskontinuierlicher Zählung (wobei 10 womöglich ein Blatt 10 ist und die anderen Ziffern eher Kapitel bezeichnen – aber das ist Spekulation. Vgl. den editorischen

Appendix im Original, p. 1300). Wir zählen die Kapitel von Anfang an mit 1 beginnend fortlaufend durch.

Das Manuskript.
Ausgewählte Seiten.

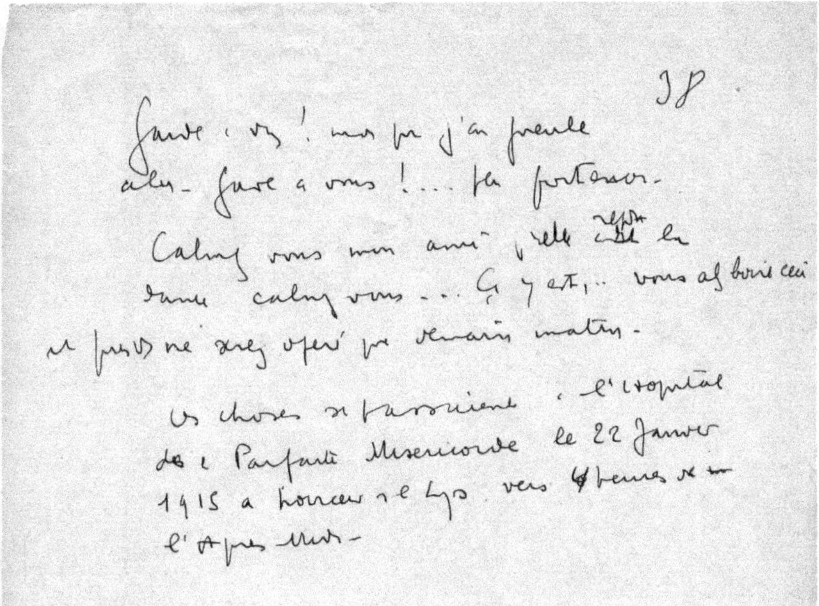
38

Garde à vous! mais je j'en prends
alors – Garde à vous!... Le professeur.

Calmez vous mon ami, reprit la
dame calmez vous... Ça y est... vous allez boire ceci
et puis vous serez opéré par demain matin.

Ces choses se passaient à l'hôpital
de la Parfaite Miséricorde le 22 Janvier
1915 à Noirceur sur la Lys vers 4 heures de
l'après midi.

«Diese Dinge ereigneten sich im Krankenhaus Parfaite-Miséricorde am 22. Januar 1915 in Noirceur-sur-la-Lys, gegen 4 Uhr nachmittags.»

1. Kapitel, Blatt Nr. 38

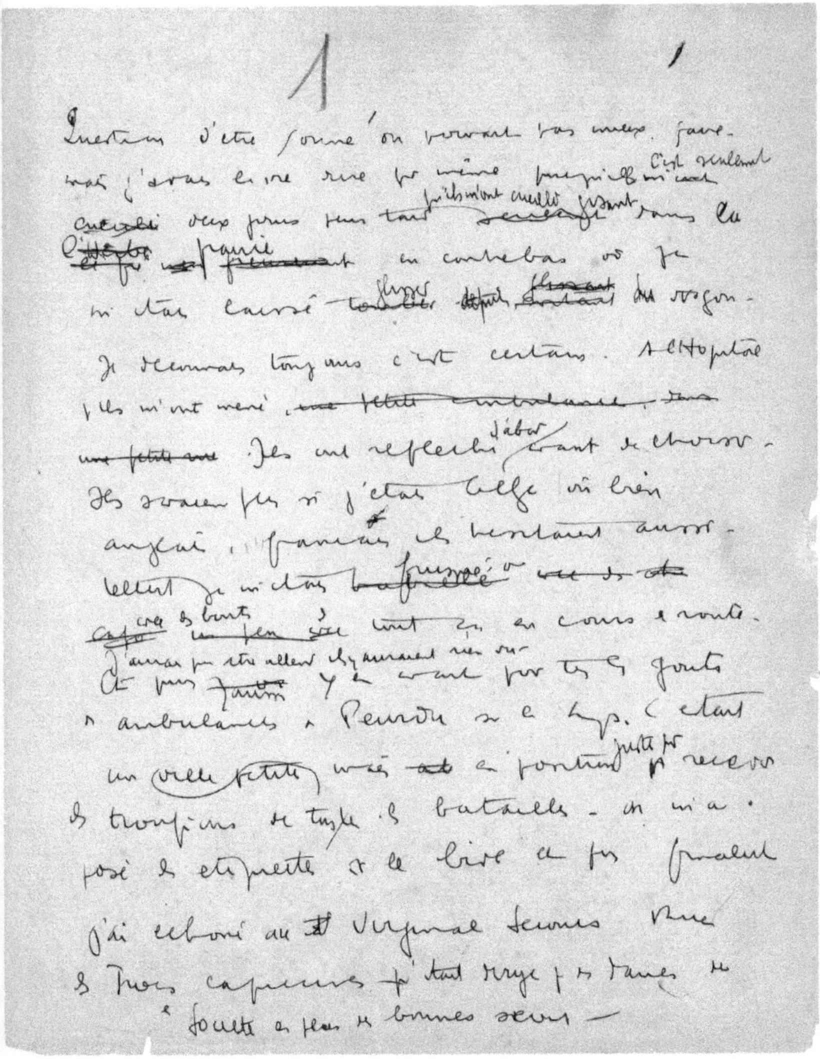

«In Sachen Behämmertsein konnte es gar nicht besser gehen.»

2. Kapitel, 1. Blatt

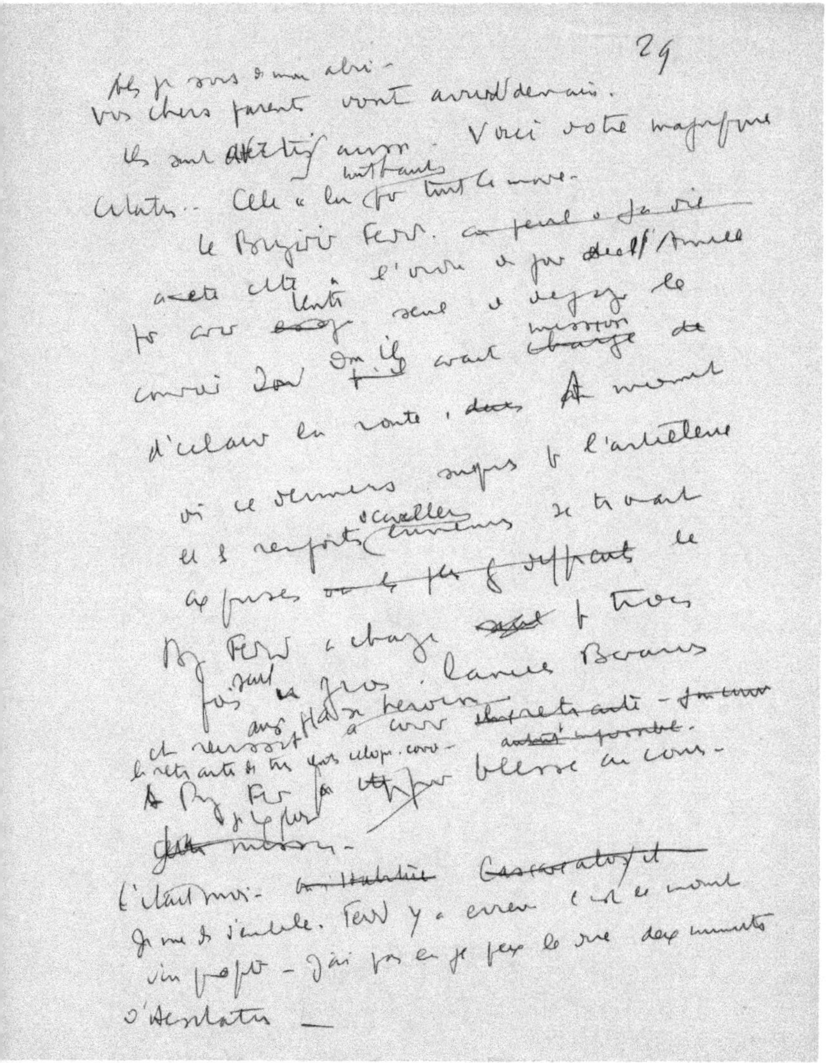

«Der Brigadier Ferdinand wird ehrenvoll im Tagesbefehl der Armee erwähnt, da er versucht hat, allein den Konvoi zu befreien»

3. Kapitel, Blatt Nr. 29

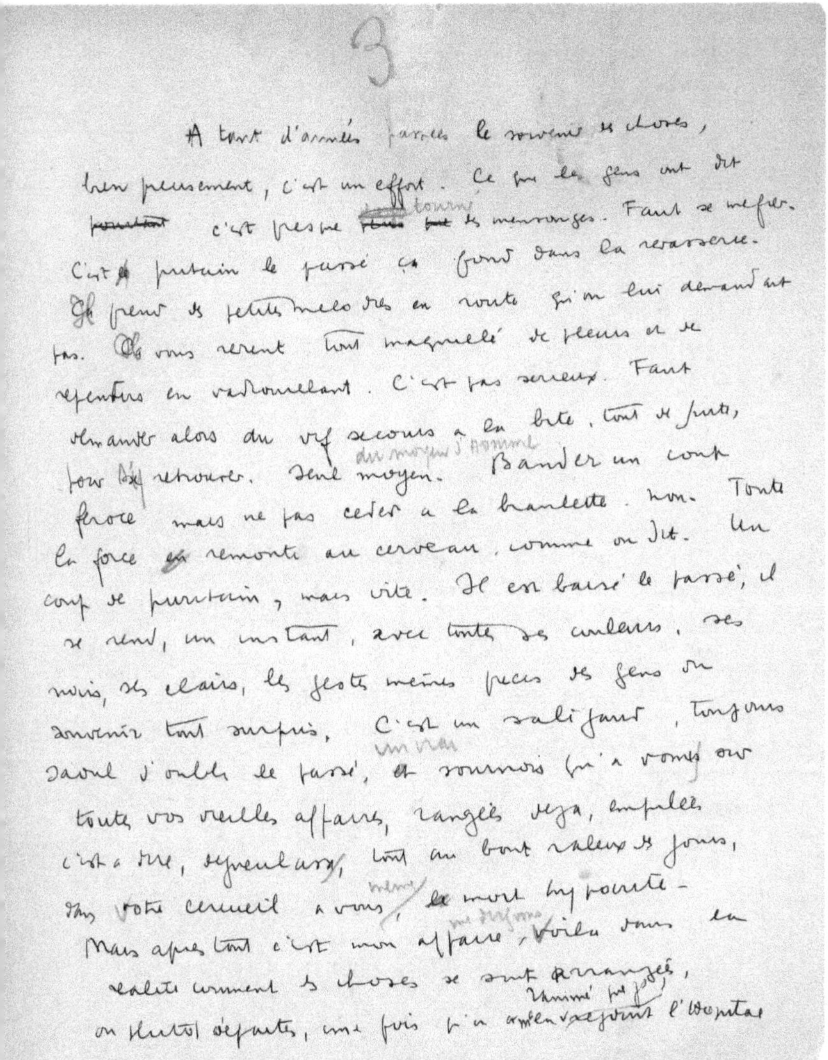

«Die Vergangenheit ist eine Hure, sie zerrinnt zu Träumereien.»
5. Kapitel, 1. Blatt

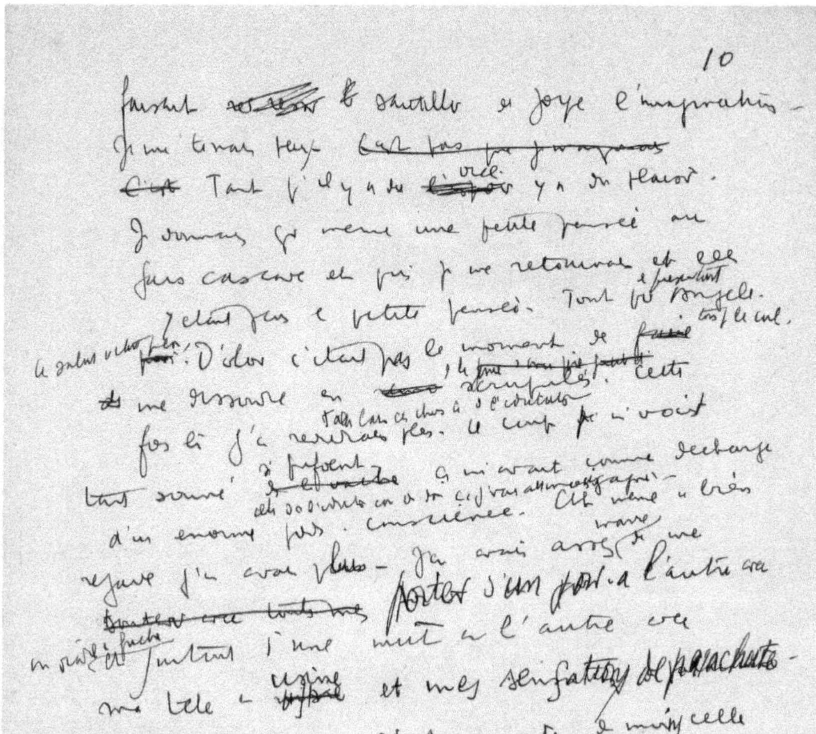

«Der Menschheit war ich nichts mehr schuldig, jedenfalls nicht derjenigen, an die man mit zwanzig glaubt»
6. Kapitel, Blatt Nr. 10

Anmerkungen

1. Im wiedergefundenen Manuskript fehlen einige Blätter des Anfangs, daher der ungewöhnliche Auftakt des Textes und auch die rückweisende Bemerkung zu Beginn des nächsten Absatzes: «wie gesagt».

2. Bei Ypern in Flandern, frz./wallonisch Ypres, hier mit «englischem» Akzent wiedergegeben, wurde Louis Destouches (i.e. Louis-Ferdinand Céline) im Oktober 1914 schwer verletzt. Die Frage der Übereinstimmung von später in verschiedenen literarischen Werken geschilderten Umständen mit den biografischen Fakten liefert Stoff für umfängliche philologische Abhandlungen.

3. «Bewegungskrieg» – Fachbegriff für die meist initiale Phase kriegerischer Auseinandersetzungen, die durch starke Truppenbewegungen gekennzeichnet ist und dem «Stellungskrieg» vorausgeht.

4. Die Namen sind teilweise aus dem Roman «Casse Pipe» (dt. «Kanonenfutter») bekannt, es sind Ferdinands Kameraden in der militärischen Ausbildung beim 12. Kürassierregiment in Rambouillet.

5. Die beiden (fiktiven) mittelalterlichen Legenden *La Volonté du roi Krogold* und *La Légende du roi René* spielen auch in *Tod auf Raten* eine gewisse Rolle (mehr noch in verschiedenen Texten der wiedergefundenen Manuskripte), anders als dort hier jedoch vor allem im Zusammenhang von Halluzinationen. Christiania als Ort «im Norden» ist ebenfalls von dort bekannt; auch die Namen Thibaut und Joad stammen aus diesem Zusammenhang.

6. Der Fluss Lys, dt. Leie, entspringt im frz. Departement Pas-de-Calais und mündet in Belgien in die Schelde. Er ist also real, eignet

sich andererseits aber hervorragend für einen sprechenden Namen wie diesen, da «lys» = «Lilie» die heraldische Blume Frankreichs par excellence ist. Zusammen mit «noirceur», «Schwärze» (früher aber auch «Traurigkeit», «Melancholie») ergibt sich also etwas wie «Dunkelfrankreich».
Später im Text heißt der Ort dann Peurdu-sur-la-Lys. In «Peurdu» mischen sich «peur» = «Angst» und «perdu» = «verloren».
Das Krankenhaus/Lazarett, hier «Restlose Barmherzigkeit» genannt, wechselt im weiteren Textverlauf den Namen zu «Virginal Secours», in Anspielung auf die Jungfrau Maria: «Jungfräuliche Hilfe».

7. Zuaven: Angehörige einer französischen Kolonial-Infanterietruppe mit Rekruten aus Nordafrika. Charakteristische orientalisierende Uniform.

8. Die französische Militärdoktrin sah zu Anfang des 1. Weltkriegs für die Phase des Bewegungskriegs (vgl. Anm. 3) unabhängige Erkundungs- und Beobachtungseinsätze von Kavallerie-Einheiten vor.

9. Beides war nach geltendem Kriegsrecht mit dem Tod durch Erschießen zu bestrafen.

10. Einer der zahlreichen Verweise auf biografisch verbürgte Erlebnisse, die in *Tod auf Raten* eine Rolle spielen.

11. Eine zutreffende Beschreibung der heutigen Place du Général-de-Gaulle von Hazebrouck, dem realen Vorbild, ganz ähnlich, wie Louis Destouches (i.e. Céline) sie kurz vor seiner Verwundung in einem Brief an seine Eltern schildert (vgl. Godard e.a. 2023, p. 1327, Anm. 35). Mit «Sidis» sind Araber gemeint, und zwar im rassistisch herablassenden Sinne (eine Umwertung von arab. «sidi» = Herr).

12. Der Song *It's a long way to Tipperary*, 1912/13 in London entstanden, wurde 1914 in Frankreich durch die Mitglieder des britischen Expeditionskorps verbreitet, die ihn als Marschlied sangen. Vgl. Godard e.a. 2023, p. 1328, Anm. 38.

13. Céline ersetzt hier erstmals den Namen «Bébert» durch «Cascade»; gemeint bleibt dieselbe Figur.

14. «Hyperbel» (aus dem Griechischen, mit einem Bedeutungsteil von «über das Ziel hinaus») ist einerseits in der Geometrie eine sich ins Unendliche erstreckende Doppelkurve, andererseits die rhetorische Figur der Übertreibung. Raffinierte mathematische Metapher? Augenzwinkernde stilistische Selbsterkenntnis des Autors?

15. Das belgische Liège/Lüttich hatte im August 1914 dem Versuch einer handstreichartigen Einnahme durch die Deutschen deutlich länger als von diesen vorgesehen widerstanden. Bereits im sog. Schlieffen-Plan von 1905 (!) wurde ein künftiger Angriff auf Frankreich über niederländisches und belgisches Territorium entworfen, spätestens 1911 spezifisch mit der Absicht, sich rasch der Festung Lüttich zu bemächtigen.

16. Loulou: Verkleinerungsform von Louis, also des ersten Namensteils des Autors, der sein Alter Ego sonst fast ausschließlich unter dem zweiten, Ferdinand, auftreten lässt.

17. Der spätere Edward VIII, nach seiner Abdankung Duke of Windsor, 1910–1936 Prince of Wales, besuchte häufig die zahlreichen britischen Einheiten an der Front in Flandern. Kronprinz Wilhelm von Deutschland war zwar nominell Kommandant verschiedener Heereseinheiten, de facto jedoch in lediglich repräsentativer Funktion. Begegnungen der beiden verfeindeten Cousins sind offenbar nicht belegt. Vgl. Godard e.a. 2023, p. 1329, Anm. 17.

18. Die Übersetzung folgt dem Sprachgebrauch des Originals und der Zeit, um beider Rassismen nicht zu bemänteln.

19. Weiter unten im Text trägt Ferdinands Mutter den Vornamen Clémence, wie auch in *Tod auf Raten*.

20. Sprechende Namen:
Crossepoil – Schamhaarzanker (in etwa)
Cassebite – Schwanzknackerin

21. Im Manuskript und in der frz. Ausgabe stehen hier und weiter unten (nach «… mit mütterlichen, wohlmeinenden Worten zu beruhigen.») gepunktete Leerzeilen als Platzhalter für während der weiteren Arbeit am Manuskript noch einzufügende Strophen.

22. Selbstverstümmelung an der Front, «vor dem Feind», wurde als Verbrechen mit dem Tod durch Erschießen bestraft.

23. Illustrierte Kinderzeitschrift, seit 1904. Wird auch in *Tod auf Raten* mehrfach erwähnt.

24. Eben noch das 392. – zu solchen Abweichungen s. die editorische Notiz.

25. Major Purcell (zuvor im Text noch General) scheint mit dem *Order of the British Empire* ausgezeichnet zu sein – der allerdings erst 1917 eingerichtet wurde. Eigentlich lautet die Abkürzung K.B.E.

26. Ein letztes Beispiel für typische Inkonsistenzen des Autors oder des Manuskripts – gemeint ist natürlich Angèle.